HEIDEGGER

HISTÓRIA E VERDADE EM *SER E TEMPO*

Jonathan Rée

HEIDEGGER

HISTÓRIA E VERDADE EM *SER E TEMPO*

Tradução
José Oscar de Almeida Marques
Karen Volobuef

Editora UNESP

Título original em inglês: *Heidegger. History and Truth in* Being and Time,
publicado em 1998 pela Phoenix, uma divisão
da Orion Publishing Group Ltd.

Praça da Sé, 108
01001-900 – São Paulo – SP
Tel.: (0xx11) 3242-7171
Fax: (0xx11) 3242-7172
www.editoraunesp.com.br
www.livrariaunesp.com.br
feu@editora.unesp.br

Dados Internacionais de Catalogação na Publicação (CIP)
(Câmara Brasileira do Livro, SP, Brasil)

Rée, Jonathan, 1940-1997.
Heidegger. História e verdade em *Ser e tempo* / Jonathan Rée; tradução de José Oscar de Almeida Marques, Karen Volobuef. – São Paulo: Editora UNESP, 2000. – (Coleção grandes filósofos)

Título original: Heidegger. *History and Truth in* Being and Time.
ISBN 85-7139-280-3

1. Ser e tempo 2. Heidegger, Martin, 1889-1976 - Crítica e interpretação 3. Heidegger, Martin, 1889-1976. *Ser e tempo*
4. Ontologia I. Título. II. Série.

00-0450 CDD-111

Índice para catálogo sistemático:
1. Heidegger: Ontologia: Filosofia 111

Editora afiliada:

Asociación de Editoriales Universitarias
de América Latina y el Caribe

Associação Brasileira de
Editoras Universitárias

SUMÁRIO

INTRODUÇÃO

Muitas vezes as universidades mais parecem asilos para a proteção de acadêmicos iludidos que oficinas produtoras de genuíno conhecimento. Vejamos, por exemplo, este livro de capa preta, pesado como uma bíblia, publicado em Halle em 1927: *Jahrbuch für Phänomenologie und phänomenologische Forschung*, v.8 [*Anuário para fenomenologia e pesquisa fenomenológica*]. Com 800 páginas, contém apenas dois tratados filosóficos, divididos em seções numeradas como regulamentos de seguros. Ilegível, concluiremos: apenas mais um monumento absurdo à vaidade e à pompa acadêmicas.

Em 1927, entretanto, o público filosófico alemão atirou-se ao *Jahrbuch*. Não foi a meticulosa discussão de Oskar Becker sobre "Existência Matemática" que os atraiu, mas o outro artigo, ainda maior e mais intimidador. O autor, à época, não passava de um professor-assistente em Marburg, Hessen, embora já gozasse de uma estranha notoriedade. Dizia-se que ele não era um mero filósofo, mas – ao contrário – um *pensador*, e que não tinha o menor interesse pela elegância cosmopolita da aristocracia intelectual alemã, preferindo os rudes hábitos camponeses que conhecera desde seu nascimento, 37 anos antes, na aldeia católica de Messkirsch, em Baden. Em vez de frequentar jantares professorais, gostava de ficar com sua mulher e dois filhos pequenos na cabana que alguns anos antes havia construído em Todtnauberg, na Floresta Negra. Lá podia esquiar, cortar lenha, ver o horizonte, e pensar. Ele precisava, porém, de um emprego em que ganhasse mais – o ideal seria uma cátedra em sua velha universidade em Freiburg-im-Breisgau, a pouca distância de automóvel de sua cabana –, mas não poderia obter promoção a menos que publicasse um artigo substancial. Enviou, então, alguns manuscritos para o *Jahrbuch*, e foi assim que veio ao mundo *Ser e tempo: primeira metade*, de Martin Heidegger.

O que se debatia na filosofia da época era a relação entre verdade e história. A fé iluminista na ciência e no progresso havia sido destruída pela guerra de 1914-1918, deixando o campo aberto ao corrosivo "relativismo". Parecia que as crenças dependiam do capricho da história, não de alguma verdade absoluta transcendentemente confiável.

O grande argumento de Heidegger é que, se os conceitos de particularidade histórica e verdade científica forem claramente investigados, então o aparente conflito entre eles desaparece; que nossas peculiaridades individuais não são uma crisálida que deixamos para trás a fim de ascender a um sublime reino da verdade, mas a origem e âncora de todo o nosso conhecimento. Esse, contudo, seria um árduo ensinamento, visto que se opunha ao sentimento mais imediato que temos de nós mesmos – à dicotomia entre mente e mundo, ou entre subjetividade e objetividade, a qual, além de estar embutida na alvenaria da filosofia ocidental, mescla-se ao próprio tecido de nosso autoentendimento quotidiano. A necessária tarefa de esclarecimento iria requerer não apenas virtuosidade intelectual, mas igualmente um labor de autotransformação.

UMA ONTOLOGIA DE NÓS MESMOS

É à primeira vista um desapontamento passar dessas excitantes expectativas para o tratado que Heidegger efetivamente escreveu. Para começar, que título poderia ser mais antiquado que *Ser e tempo*? Será que Heidegger não sabia que o estudo filosófico do ser – a "ontologia", no jargão acadêmico – havia sido definitivamente desacreditado pelos trabalhos de Kant no final do século XVIII, e substituído pela ciência natural empírica? E será que ninguém lhe havia dito que, após a teoria da relatividade restrita formulada por Einstein em 1905, o conceito de tempo dizia respeito agora à física e não à filosofia?

Mas é bom termos cuidado. Filósofos muitas vezes escrevem com um engenhoso sentido de paradoxo, e terminam por fazer de tolos os que descuidadamente se aferram a certezas das quais estão ausentes tanto a clareza como o senso de ironia. Pode ser que Heidegger não esteja pretendendo aborrecer-nos com algumas novas soluções precipitadas para os problemas ou pseudoproblemas da ontologia tradicional – equivalentes filosóficos dos problemas do movimento perpétuo ou da quadratura do círculo. Pode ser que ele tenha alguma coisa mais sutil escondida em sua manga.

O desânimo, contudo, novamente tomará conta de nós ao virarmos a página e descobrirmos uma citação em grego – uma observação dirigida pelo misterioso estrangeiro de Eleia ao brilhante jovem Teeteto no diálogo *Sofista*, de Platão: "pois evidentemente você sabe há muito tempo o que quer dizer quando usa a expressão '*ser*'".[1] Vai ser, então, mais um debate sobre o que as palavras significam, suspiramos. Heidegger continua a citação: "nós, contudo, que acreditávamos compreendê-lo, ficamos agora perplexos".[2] Aqui a surpresa é dupla. "*Acreditávamos* compreendê-lo" – mas seguramente nossas certezas deveriam aumentar com a idade, não diminuir? E "*agora* estamos perplexos" – mas não é a verdade perpétua, mais que a crescente perplexidade, que suporíamos ser filha do tempo?

Pelo menos sobre um ponto podemos ficar tranquilos: Heidegger não vai estabelecer a lei sobre a natureza do ser enquanto tal. Seu assunto é menos grandioso – "o significado de ser" – e esse "significado", como mais tarde explica, não é algum mistério que "jaz atrás do ser", mas simplesmente o sentido, seja qual for, que o termo possua no interior de nossas linguagens e compreensões ordinárias; a investigação, ele nos diz, será tudo menos "profunda".[3] E mesmo se terminarmos por não descobrir nada de positivo, podemos pelo menos esperar esclarecer nossa compreensão da questão que estamos levantando, a "*questão do significado de ser*".[4]

Quando viramos outra página e começamos a ler a Introdução ("Exposição da questão sobre o significado de ser"),

---

1 Epígrafe, *H* 1, *MR* 19, *C* I, 24. As referências listam o número da seção, seguido pelo número de página da edição alemã (*H*: *Sein und Zeit*. 7.ed. Tübingen: Max Niemeyer, 1953) e o número de página da clássica tradução para o inglês de John Macquarrie e Edward Robinson (*MR*: *Being and Time*. Oxford: Blackwell, 1962). [Todas as citações foram traduzidas para o português diretamente do original alemão, visto que a atual tradução brasileira não preenche perfeitamente os requisitos de fidedignidade, compreensibilidade e adequação ao contexto do comentário de Jonathan Rée. Para comodidade do leitor, entretanto, acrescentamos também uma referência ao volume e número de página dessa publicação (*C*: *Ser e tempo*. 8.ed. Petrópolis: Vozes, 1999. 2v.) (N. T.)].

2 Epígrafe, *H* 1, *MR* 19, *C* I, 24.

3 §32, *H* 152, *MR* 193, *C* I, 209.

4 *H* 1, *MR* 19, *C* I, 24.

vemos Heidegger dando outro passo para trás. "Essa questão está hoje esquecida", ele escreve. A questão do ser pode ter tido alguma urgência quando Platão e Aristóteles lutavam para subjugá-la há muito tempo em Atenas, mas desde essa época tem sido ignorada ou posta de lado preguiçosamente como "supérflua".[5]

Se a questão foi esquecida, entretanto, não é porque tenha sido censurada e suprimida, mas porque foi exibida em público de forma tão despudorada que perdeu sua pungência original. Como um poema ou uma prece que aprendemos de cor na infância, a questão sobre o significado de ser soa tão embotada e familiar que nunca nos damos conta de que ignoramos esse significado: "aquilo que, enquanto algo oculto, levou os antigos filósofos à inquietude e nela os manteve", diz Heidegger, decaiu em "luminosa autoevidência".[6]

É precisamente por causa dessa perturbadora banalidade que Heidegger se recusa a nos dizer de maneira direta o que sem dúvida queremos saber: o quê, exatamente, ele quer dizer com "ser"? Como o definiria? Heidegger nos recorda que esse foi sempre um dos grandes temas da filosofia ocidental, mas, para além disso, só nos oferece sugestões gerais – o ser envolve uma questão crucial, talvez a mãe e o pai de todas as questões; é um assunto que diz respeito a todos nós, quer estejamos conscientes disso ou não; é aquilo de que em última análise estamos falando sempre que falamos sobre qualquer coisa; e foi desgraçadamente trivializado pela própria tradição filosófica que deveria celebrá-lo. A explicação do que é "ser" pode parecer excessivamente enigmática, mas Heidegger nos promete que, se o seguirmos, seremos por fim capazes de descobrir em nós mesmos não apenas um lampejo de seu significado, mas também alguma compreensão de por que estamos todos inclinados a descartar por inteiro o assunto como trivial e aborrecido.

---

5 §1, *H* 2, *MR* 21, *C* I, 27.

6 §1, *H* 2, *MR* 21, *C* I, 28.

Nosso previsível enfado diante da ontologia apoia-se em alguns preconceitos muito intrigantes. Em primeiro lugar, como Heidegger aponta, supõe-se que o ser deve ser o mais universal de todos os conceitos, dado que designa o que todas as coisas têm em comum. Em segundo lugar, assume-se que o ser é vago e indefinível, pois como algo tão geral poderia ter alguma característica distintiva? O terceiro pressuposto é o de que todos nós já entendemos o que é o ser, sem ter sequer de pensar sobre ele – afinal, qualquer criança sabe usar o verbo "ser", e o que mais, além disso, poderia estar envolvido em uma compreensão do significado de ser?

Contudo, esses três preconceitos contra a ontologia são eles próprios suposições sobre o ser. São juízos ontológicos e, como Heidegger aponta, "têm suas raízes na própria ontologia antiga". Se os examinarmos detidamente, portanto, poderão revelar algo sobre o significado de ser, e iluminar o jogo de reconhecimento e esquecimento que constitui a história da ontologia. Primeiro, se ser é de fato o mais universal dos conceitos, "isso não pode querer dizer que seja o mais claro, e que não necessite de explicação adicional", mas sugere, ao contrário, que ele "é, antes, o mais obscuro". Segundo, se ser é verdadeiramente "indefinível", segue-se que é categorialmente diferente dos tipos de entidades com as quais interagimos na vida quotidiana, o que parece mostrar que questões ontológicas (questões sobre o ser enquanto tal) não podem ser abordadas da mesma maneira que questões *ônticas* (questões sobre entidades particulares). E, em terceiro lugar, se temos, de algum modo, uma compreensão adequada do que é ser, então devemos reconhecer que essa "compreensibilidade mediana" não educada é ela mesma um fato importante, que merece análise atenta e paciente.[7]

É claro que sempre podemos estar enganados sobre questões ontológicas, seja nossa atitude crédula, hostil, ou um

7 §1, *H* 3-4, *MR* 22-3, *C* I, 29-30.

meio termo entre estas. Em particular, estaremos constantemente tentados a tratar essas questões como se fossem questões "ônticas" – como se dissessem respeito a uma entidade entre outras, e pudessem ser suficientemente explicadas "contando-se uma história" (como em uma "história da filosofia") e reportando-as "em sua origem a alguma outra entidade, como se o ser tivesse o caráter de uma entidade possível".[8] Mas o fato de que estamos perpetuamente interpretando de forma errônea questões ontológicas, ao oferecer-lhes respostas ônticas, apenas confirma que elas permanecem problemáticas para nós. Afinal, não poderíamos absolutamente existir sem alguma compreensão da natureza do mundo ao nosso redor e de nosso lugar nele. É claro que essa compreensão não precisa assumir a forma de opiniões ontológicas explícitas; ela encontrará expressão antes no modo como conduzimos nossas vidas. Desde os primeiros albores de nossa existência, nas palavras de Heidegger, "já vivemos em um entendimento do ser".[9] Mesmo se desprezarmos toda a ideia de ontologia, nossas tentativas de evitá-la trarão ainda a marca do que nos repele. E se nossas maneiras de evitar a ontologia forem elas mesmas interpretações da ontologia, então todos nós já devemos ser nossos próprios ontologistas – ontologistas amadores de nossa própria existência.

A questão e o questionador

Mas o que estamos fazendo quando investigamos a questão do significado de ser? Com efeito, que significa o simples ato de levantar questões? Heidegger oferece a seguinte análise sucinta:

---

8 §2, *H* 6, *MR* 26, *C* I, 32.

9 §1, *H* 4, *MR* 23, *C* I, 29.

> Toda pergunta é uma busca. Toda busca é previamente orientada pelo que é buscado ... A pergunta, enquanto "pergunta sobre algo", contém *aquilo sobre que pergunta.* Mas toda "pergunta sobre algo" é, de certa maneira, uma "pergunta a algo". Pertence portanto à pergunta, além daquilo sobre que se pergunta, *aquilo que é interrogado* ... Além disso, naquilo sobre que se pergunta está também incluído *o que se deve descobrir com a pergunta.*[10]

Essas palavras podem muito bem parecer-nos desajeitadas e propositalmente obscuras – especialmente quando se trata de tradução.* Na verdade, nenhuma tradução poderia fazer justiça ao vigoroso estilo de *Ser e tempo*, que constantemente lança mão de recursos peculiares à língua alemã para a formação de palavras. No presente caso, Heidegger está detalhando como todo *Fragen*, ou todo ato de perguntar, compreende não apenas (a) uma noção preliminar do "que é buscado", mas também (b) um *Gefragtes*, que é "sobre que se pergunta", (c) um *Befragtes*, que é "interrogado", e (d) um *Erfragtes*, que deve "ser descoberto". Parte da poesia da análise de Heidegger pode ser reproduzida dizendo-se que todo *perguntar* compreende (a) sua orientação inicial, (b) seu *perguntado-sobre*, (c) seu *perguntado-a* e (d) seu *perguntado-para* – ainda que isso soe ridículo aqui, em alemão o efeito é simples, até mesmo belo.

Heidegger aplica, então, essa análise geral à questão do significado de ser. Nossa orientação preliminar, ele diz, é provida pela "vaga compreensão mediana de ser" relativamente à qual "sempre conduzimos nossas atividades". Essa compreensão inicial pode "flutuar e tornar-se indistinta, e reduzir-se no limite à mera familiaridade com uma palavra", embora "sua própria indeterminação seja ela mesma um

---

10 §2, *H* 5, *MR* 24, *C* I, 30.

* O autor refere-se aqui à tradução para o inglês de Macquarrie e Robinson, da qual afirma a seguir que "é um clássico, mas não é perfeita". Como não se está utilizando aqui essa tradução, julgamos mais adequado reproduzir esse particular comentário em nota, mantendo no corpo do texto as observações que se aplicam a qualquer tradução. (N. T.)

fenômeno positivo que necessita ser esclarecido". Aquilo *sobre que se pergunta* é o "ser", do qual sabemos muito pouco exceto que é completamente diferente das entidades particulares que encontramos na vida quotidiana. Aquilo *a que se pergunta*, ou se "interroga", por outro lado, devem ser "entidades" de tipos específicos, "interrogadas quanto a seu ser". E, finalmente, aquilo *em vista de que se pergunta*, ou que "deve ser encontrado", é o próprio "significado de ser".[11]

Mas essa quádrupla análise não está completa. Para se entender uma questão é também preciso levar em conta um quinto fator – *de onde* ela provém, ou *quem* é o questionador (ou "perguntador" – *Frager*). Perguntar se as condições meteorológicas são boas pede obviamente respostas diferentes, conforme quem pergunte seja um marujo, um agricultor ou um viandante de mochila às costas. Como fica, então, a questão do significado de ser em geral – a vaga, obscura, atraente e inquietante questão que nos agrada pensar que sabemos responder facilmente, ou facilmente descartar? Quem somos nós quando fazemos essa pergunta? Qual é a essência de seu *perguntador*?

A peculiaridade dessa questão é que estamos envolvidos com ela o tempo todo. Sempre que nos orientamos no mundo e lhe damos, ou falhamos em dar-lhe, algum sentido, relacionamo-nos de algum modo com a questão do significado de ser: a formulação dessa questão coincide com o âmbito de nossa existência. Quase se poderia dizer que nossa capacidade de formulá-la corresponde ao que usualmente se refere por termos como "natureza humana", ou "mente", ou "alma", exceto que esse vocabulário está tão recheado de estranhos resíduos místicos e metafísicos que pode coibir ou desviar nossas investigações.

A entidade que somos quando confrontados com questões ontológicas coincide simplesmente conosco, tão comuns

---

11 §2, *H* 5-6, *MR* 25-6, *C* I, 31-2.

e familiares quanto possamos ser. Heidegger escolhe para designá-la, portanto, a mais comum das palavras alemãs: *Dasein*. Pode-se frequentemente traduzi-la por "existência", mas em *Ser e tempo* este último termo é necessário para expressar o conceito de *Existenz*, de modo que a única solução viável é criar uma nova palavra em nossa língua para servir como equivalente: "Dasein" (escrita sem itálico; plural: "Daseins"). Na prática, podemos muitas vezes parafraseá-la usando "nós" em seu lugar, mas nem sempre. Se nos sentirmos desconfortáveis diante desse estrangeirismo, devemos simplesmente nos lembrar de que a palavra alemã *Dasein* é absolutamente coloquial. Não é um termo técnico, e como Daseins somos simplesmente entidades com atitude ontológica.

Se nosso entendimento de questões sempre pressupõe algum conhecimento de quem as está perguntando, segue-se, como Heidegger diz, que nosso entendimento de questões ontológicas requererá uma "explicação apropriada" do Dasein. A explicação do Dasein não será, porém, uma análise lógica ou sob o aspectos da ciência natural. Como seres humanos, podemos ser analisados como raciocinadores lógicos ou como feixes físicos de carne e osso, mas como Daseins não somos nada além de nossas compreensões e incompreensões do mundo e do lugar que nele ocupamos, e de nossas mais ou menos claras compreensões e incompreensões dessas próprias compreensões, e assim por diante, interminavelmente. As conotações da palavra "análise" podem, portanto, parecer demasiado inflexíveis, e podemos preferir "hermenêutica do Dasein", que é a locução alternativa de Heidegger para a arte infinitamente prolífica de interpretar nossas interpretações do ser.[12]

Haveria aparentemente duas maneiras de abordar a hermenêutica do Dasein: uma ontológica, a outra ôntica. A primeira procuraria penetrar na compreensão que o Dasein

---

12 §7, *H* 37, *MR* 62, *C* I, 69.

tem do significado de ser e iluminá-la de dentro, ao passo que a segunda ofereceria uma descrição exterior das características que nos distinguem, como Daseins, de entidades de outros tipos. Mas como Heidegger aponta, a descrição ôntica e a interpretação ontológica irão necessariamente entrelaçar-se uma à outra:

> O Dasein não é apenas uma entidade que ocorre em meio a outras entidades. É, antes, uma entidade que se distingue onticamente pelo fato de que, em seu ser, é *esse* próprio ser que importa para ela. Mas, então, a essa constituição do ser do Dasein pertence o fato de que, em seu ser, está presente uma relação dirigida para esse ser. E isso, por outro lado, significa que, de certa maneira e de forma em certa medida explícita, o Dasein entende-se a si mesmo em seu ser. É peculiar a essa entidade que, com e por meio de seu próprio ser, esse ser a ela se revele. A *compreensão do ser é, ela própria, uma característica determinante do ser do Dasein.* O que distingue onticamente o Dasein é que ele *é* ontológico.[13]

A especificidade ôntica do Dasein, poder-se-ia dizer, é a ontologia universal. Para o Dasein, existir é ontologizar. Todos nós temos um "entendimento do ser", diz Heidegger, mesmo se não estamos conscientes disso, e mesmo se nunca ouvimos nem queremos ouvir falar em ontologia. Se nossa existência não é sempre explicitamente ontológica, ela é pelo menos "pré-ontológica".[14]

O propósito de uma cuidadosa investigação ontológica será, então, uma "clarificação" e "radicalização" de nosso "entendimento pré-ontológico do ser".[15] Por meio da clarificação e radicalização nossas pré-ontologias se transformarão no que Heidegger chamou "ontologia fundamental". A expressão, contudo, mostrou-se desafortunada: ela soa

---

13 §4, *H* 12, *MR* 32, *C* I, 38.

14 §4, *H* 12, *MR* 32, *C* I, 38.

15 §4, *H* 15, *MR* 35, *C* I, 41.

como "física fundamental" e evoca uma imagem de ontologistas profissionais especializados formulando princípios universais pelos quais julgam os desajeitados esforços dos amadores ordinários que somos nós. Mas a viagem que já empreendemos – avançando pela análise do questionamento até chegar à identificação do Dasein como o formulador de questões ontológicas – deveria ter-nos ensinado que não haverá princípios de ontologia fora das espirais interseccionantes de nossos próprios entendimentos do significado de ser. A ontologia fundamental será essencialmente reflexiva, e o "do" na locução "hermenêutica do Dasein" terá de ser entendido em duas diferentes direções. A hermenêutica aplicada ao Dasein é também a hermenêutica feita pelo Dasein: interpretação do Dasein, pelo Dasein, para o Dasein.

A análise ontológica do Dasein – isto é, nossa própria análise de nós mesmos em nossa existência – pode também ser descrita como "existencial". Mas a análise existencial não abrange nada além de nossas interpretações de nós mesmos como entidades que interpretam, bem ou mal, o ser. Se tivermos sucesso em substituir nossas pré-ontologias irrefletidas por outras mais fundamentais, isso não ocorrerá pela descoberta de estruturas que já estariam presentes, enterradas como sólidas rochas abaixo das areias movediças de nossa existência, mas sim por nos libertarmos da ilusão de que nossa existência está dotada de quaisquer fundações, à parte a interpretação que fazemos dela. A "*ontologia fundamental*", nas palavras de Heidegger, "deve ser buscada na *analítica existencial do Dasein*".[16] A ontologia fundamental irá dissolver fundações ontológicas e revelar que nossa existência não tem nenhuma base senão ela mesma.

Esses argumentos são uma das principais fontes do conceito de "existencialismo", que esteve em voga nos anos 50 e tornou-se profundamente fora de moda depois disso.

16 §4, *H* 13, *MR* 34, *C* I, 40.

Mas é um termo que Heidegger sempre evitou. Como todos os "ismos" empregados pelos historiadores da filosofia, ele presume que a classificação de atitudes ontológicas pode ter o mesmo tipo de objetividade isenta que uma classificação de espécimes botânicos. Ele ignora o fato de que, se a história da filosofia deve ser reduzida a uma história de filósofos fazendo escolhas entre diversas "posições", então o historiador tem de escolher uma posição particular para fazer um mapa das demais. Ele se esquece de que não pode haver uma posição sobre a filosofia que não seja também uma posição interna a ela. As autocertezas indulgentes que sustentam o conceito de "existencialismo" são, ao que parece, precisamente aquilo de que a análise existencial pretende nos salvar.

Presença e desconstrução da tradição

Seria fácil interpretar a passagem de Heidegger da ontologia do ser para uma hermenêutica de nós mesmos reproduzindo a tradicional inflexão filosófica da observação externa para a intuição interna, da realidade para a idealidade, do empirismo para a especulação, ou da objetividade clássica para a subjetividade romântica. Mas isso, afirma Heidegger, seria conceber erroneamente nossa existência como Dasein, e pensarmo-nos como ônticos, em vez de ontológicos:

> Onticamente, é claro, o Dasein não é apenas próximo, ou mesmo o mais próximo – nós próprios *somos* Dasein, cada um de nós. Apesar disso, ou exatamente por isso, ontologicamente ele é o mais distante.[17]

Onticamente nossa existência pode talvez ser entendida como um processo "interior", "ideal" e "subjetivo";

17 §5, *H* 15, *MR* 36, *C* I, 42.

mas ontologicamente ela transcorre a uma distância de nós mesmos, estranha a nós mesmos em sua familiaridade. (O leitor pode muito bem pensar em Freud neste ponto, embora provavelmente Heidegger não o tenha feito. Como navios dentro da noite, Freud e Heidegger estavam convergindo para o mesmo paradoxo: o de que as vívidas certezas que constituem nossa percepção consciente de quem somos podem sempre – talvez necessariamente – ser autoilusões e enganos.) É característico do Dasein, diz Heidegger, que "seu próprio estado específico de ser ... permanece-lhe oculto".[18]

Para Heidegger, o mecanismo fundamental do erro no reconhecimento de nós mesmos é nosso sentido de "historicidade". Talvez possamos todos aceitar que cada um de nós é definido, pelo menos em parte, por nosso lugar na história. Poucos nasceram, como se diz, em berço de ouro, mas quase todos nós chegamos a nos apossar de uma herança oral infinitamente mais rica alguns poucos meses depois, quando aprendemos nossa primeira linguagem – aquela que nos dá nomes e formas para articular as estruturas significativas de nosso mundo. Mas uma linguagem é evidentemente uma entidade histórica – uma herança cultural dinâmica e multifacetada, de desconcertante complexidade, produto das labutas poéticas, gramaticais e filosóficas de incontáveis gerações antecedentes. Como usuários de uma linguagem, é inevitável que sejamos parte de uma história que sempre nos sobrepuja.

Mas nossa própria historicidade pode ser interpretada ôntica ou ontologicamente. Onticamente, nós a trataremos como o resultado passivo de uma tradição, um conglomerado de antigos tesouros culturais que fortuitamente nos foram entregues pelo passado. Por exemplo, podemos considerar a filosofia ocidental como uma prática que começou quando Parmênides teve em primeiro lugar a ideia de conceituar o

18 §5, *H* 16, *MR* 37, *C* I, 43.

significado de ser e torná-lo completamente "presente" à consciência. Podemos observar a seguir como o projeto foi transmitido por intermédio de Platão e Aristóteles à filosofia latina do Império Romano e da Cristandade medieval, e daí a Descartes, Kant e nós próprios. No interior da filosofia entendida dessa forma, as entidades, nas palavras de Heidegger, sempre foram "apreendidas em seu ser como 'presença', ou seja, são entendidas em referência a um determinado modo temporal, o '*presente*'".[19]

Ontologicamente, contudo, a presença é o cálice envenenado da filosofia ocidental, bem como seu Santo Graal. Pois o entendimento tradicional da presença pode ser, ele mesmo, um obstáculo ao nosso entendimento da presença da tradição. Ficamos tão ansiosos para celebrar a tradição como uma monumental herança intelectual que esquecemos ativamente a questão que a pôs em movimento: a questão do significado de ser. Herdar uma tradição não é o mesmo que celebrá-la; na verdade, é antes o oposto. Você se apossa de uma herança quando assume o controle dela e lhe dá uma nova abertura para o futuro, não quando simplesmente segue atrás dela guiando-se pelo seu passado:

> A tradição, ao chegar assim à posição dominante, torna de imediato e na maioria das vezes tão pouco acessível o que ela "transmite" que, na verdade, o oculta. Ela entrega esse legado à autoevidência e obstrui o acesso às "fontes" primordiais das quais em parte foram legitimamente extraídos os conceitos e categorias que nos foram transmitidos. A tradição faz-nos até mesmo esquecer completamente essa origem e supor que sequer precisamos compreender a necessidade de um tal retorno ... O Dasein não mais entende as condições mais elementares que, só elas, possibilitam-lhe um retorno positivo ao passado tendo em vista uma apropriação produtiva.[20]

---

19 §6, *H* 25, *MR* 47, *C* I, 54. ("Presença" e "presente" correspondem a *Anwesenheit* e *Gegenwart* no original.)

20 §6, *H* 21, *MR* 43, *C* I, 49-50.

Se, como sugere a metáfora tradicional, nossas tradições são nossas raízes, então a ideia tradicional de tradição nos desarraiga dela. Se quisermos que nossa existência se enraíze genuinamente na tradição, devemos olhar para diante, não para trás:

> O Dasein, ... explicitamente ou não, *é* seu passado. E não apenas no sentido de que seu passado está como que se arrastando "atrás" dele, e que o que passou pertence ao Dasein como uma propriedade ainda existente que por vezes tem sobre ele efeitos posteriores. O Dasein "é" o seu passado na maneira de *seu* ser, que, falando *grosso modo, a cada vez "acontece" a partir de seu futuro* ... Seu próprio passado – e isso significa sempre o de sua "geração" – não *segue atrás* do Dasein, mas já vai sempre à frente dele.[21]

No interior da tradição filosófica ocidental, a ontologia tem sido circunscrita pela noção de presença, e como resultado a própria noção de tradição foi deformada. Não podemos fazer justiça à tradição sem cometer uma violência contra a visão de história orientada para o passado que ela nos legou. Devemos portanto empreender aquilo que Heidegger chama uma *Destruktion der Geschichte der Ontologie*: "destruir a história da ontologia" na tradução clássica, embora pudéssemos preferir dizer "des-estruturar" ou, para tomar de empréstimo a expressão cunhada por Jacques Derrida – "desconstrução". Destruir ou "desconstruir" a história da ontologia não é aniquilar a filosofia do passado, mas recuperá-la como uma filosofia que está por vir – uma filosofia futura que irá olhar adiante para seu passado e regozijar-se em sua infindável novidade.

Ao final da Introdução de *Ser e tempo*, Heidegger explica que se impôs uma dupla tarefa, que exigirá um tratado dividido em duas partes. A Parte Um procederá à análise

---

21 §6, *H* 20, *MR* 41, *C* I, 48.

do Dasein à luz do paradoxo de que o que é onticamente mais familiar para nós é ontologicamente o mais estranho. (Especificamente, essa Parte mostrará, em três divisões sistemáticas, que sempre que tentamos entender a nós mesmos, buscamos automaticamente categorias que não nos são realmente aplicáveis como questionadores, mas apenas aos itens ordinários "sem-mundo" que encontramos em nosso mundo.[22]) E a Parte Dois vai mapear os detalhes e complexidades da ontologia tradicional por meio de uma espécie de história invertida da filosofia. (Haverá uma divisão para Aristóteles, outra para Descartes, e outra para Kant, mas em ordem cronológica inversa, a fim de mostrar como – ao dar um falso valor à "presença" – a compreensão tradicional dos grandes filósofos, incluindo suas próprias autocompreensões, perpetua uma incompreensão da tradição à qual pertencem.[23]) Devemos estar preparados, portanto, para uma desconfortável jornada – uma viagem desconcertante por paradoxo e inversão, na qual estaremos sempre tentando entender a nós mesmos em nosso próprio autoentendimento, apesar de sua inerente tendência a nos confundir.

22 §5, *H* 15, *MR* 36, *C* I, 43; §6, *H* 21, *MR* 42, *C* I, 49.

23 §8, *H* 39-40, *MR* 63-4, *C* I, 71.

QUOTIDIANIDADE, COMPREENSÃO E A HISTÓRIA DA VERDADE

"A entidade que temos a tarefa de analisar somos nós mesmos."[24] É essa a frase de abertura de *Ser e tempo*, quando finalmente se põe a caminho; e por algum tempo estaremos ocupados em um cruzeiro agradável e relaxante pelas familiares estruturas de nosso "estar-no-mundo" em sua "quotidianidade mediana".[25] Todos sabemos, como aponta Heidegger, que temos de ter alguma percepção geral de nosso ambiente e de onde nele nos localizamos antes de podermos entender qualquer outra coisa. Seja enquanto crianças abraçadas a nossas mães, ou motoristas planejando um roteiro em campo aberto, ou cientistas conduzindo um experimento, estamos sempre "já em um mundo".[26] A "espacialidade" do Dasein, como Heidegger a chama, é uma localização humana finita compreendendo lugares qualitativamente diferenciados, e não um espaço geométrico homogêneo permeando um cosmos infinito. Lugares jazem acima ou abaixo de nós, à nossa direita ou esquerda, no nosso caminho ou fora dele, e são definidos pelas várias atividades ou amenidades – cozinhar ou dormir, escovar os dentes ou telefonar – que neles estão "à mão" (*zuhanden*).

---

24 §9, *H* 41, *MR* 68, *C* I, 77; v. tb. *H* 41, *MR* 65, *C* I, 75.

25 §9, *H* 44, *MR* 69, *C* I, 80.

26 §23, *H* 109, *MR* 144, *C* I, 158.

"Aquilo que de mais próximo encontramos", diz Heidegger, "é o aposento; e este ... não como o 'entre quatro paredes' num sentido espacial geométrico – mas como equipamento de habitação."[27] Até mesmo o Sol funciona para nós como uma espécie de "equipamento" à mão:

> Assim o Sol, cuja luz e calor são utilizados quotidianamente, possui ... seus distintos lugares descobertos pela circunvisão: nascente, meio-dia, poente, meia-noite. Os lugares desse objeto, que está à mão de uma forma mutável embora continuamente uniforme, tornam-se "indicadores" acentuados das regiões neles situadas ... A casa tem seu lado ensolarado e seu lado ventoso; por estes se orienta sua divisão em "aposentos" bem como a "distribuição" no interior destes, conforme seu caráter de equipamento. Igrejas e tumbas, por exemplo, são dispostas de acordo com as direções em que o Sol nasce e se põe, as regiões da vida e da morte.[28]

O sistema de equipamentos com que nos cercamos pode ser tosco e imperfeito, mas em seus próprios termos ele é, como Heidegger observa, perfeitamente claro e preciso. Quando dizemos "até a casa é meia hora", ou "um pulinho", ou "o tempo de fumar um cachimbo", não estamos tentando "medir uma extensão de espaço" para algum "observador eterno liberto do Dasein". Nossas descrições podem ser "imprecisas e variáveis quanto ao cálculo", mas "na quotidianidade do Dasein elas têm sua *precisão própria*, que é completamente inteligível".[29]

O mundo humano familiar está tão próximo de nós quanto possível, mas também é curiosamente imperceptível. Nada mais difícil que "simplesmente olhar" para a geometria de um aposento em que você vive, por exemplo, ou inspecionar

27 §15, *H* 68, *MR* 98, *C* I, 110.

28 §22, *H* 103-4, *MR* 137, *C* I, 151.

29 §23, *H* 105-6, *MR* 140, *C* I, 153-4.

suas mãos como se fossem nacos de carne no balcão de um açougueiro. Aposentos, mãos, escovas de dentes e telefones exibem seu estar-prontamente-à-mão precisamente por não atraírem nossa atenção. É só quando quebram ou param de funcionar que reparamos neles propriamente como objetos físicos, não mais caracterizados pela "prontidão", mas pelo que Heidegger chama de *Vorhandenheit* ("simples-existência") – isto é, o tipo de objetividade neutra inflexível buscado pelas ciências naturais.[30]

A sugestão de que a prontidão-à-mão prática e quotidiana tem prioridade sobre a "simples-existência" científica e teórica revelou-se muito atraente para os seguidores "pragmatistas" de William James ou do Wittgenstein tardio, e está bem de acordo com as críticas ao "cientificismo" provenientes do humanismo, do feminismo e da *deep ecology*. Mas as semelhanças, embora reais, são também enganosas. Ao expor a distinção entre prontidão-à-mão (*Zuhandenheit*) e simples-existência (*Vorhandenheit*), Heidegger estava tentando detalhar o entendimento que o próprio Dasein tem de seu estar-no-mundo quotidiano, e não propor uma nova teoria que tivesse desenvolvido. Além disso, tendo mostrado como o Dasein atribui uma certa prioridade à prontidão, Heidegger imediatamente identificou uma força igual e oposta que o impele a dar precedência à simples-existência – uma espécie de destino que nos volta contra o mundo humano e em direção ao conhecimento abstrato, contra as entidades cálidas e multicoloridas "que nos estão próximas", em favor dos frios tons cinzas da teoria impessoal. Heidegger não estava tomando partido, mas apenas mostrando como o suposto conflito entre prontidão prática e presença teórica toma forma no interior de nossa atividade ontologizante, e como – justificado ou não – ele certamente "não é acidental".[31]

30 §16, *H* 73-4, 76, *MR* 102-4, 107, *C* I 115-7, 119.

31 §21, *H* 100, *MR* 133, *C* I, 147; cf. §14, *H* 65, *MR* 94, *C* I, 106; §12, *H* 59, *MR* 86, *C* I, 98.

De acordo com Heidegger, os efeitos da disputa entre prática e teoria podem ser facilmente observados ao longo das tradições da filosofia ocidental. Os gregos da Antiguidade, por exemplo, tinham uma excelente palavra para os itens do equipamento quotidiano: eles os chamavam *pragmata*, significando com isso "aquilo com que temos de lidar nas ocupações em que nos empenhamos (*praxis*)".[32] Mas quando começaram a filosofar, atribuíram realidade suprema não aos *pragmata* mas a objetos extramundanos fora de nosso alcance. Sua interpretação teorizadora do ser foi subsequentemente transferida para o latim e tornou-se, primeiramente, a "onto-teologia" escolástica da Idade Média, e, a seguir, a metafísica de orientação científica de Descartes, que "agravou o estreitamento da questão do mundo reduzindo-a à das coisas da natureza", em particular àqueles aspectos da realidade que podem ser representados por ideias "claras e distintas" – em outras palavras, aos conceitos e métricas da física matemática.[33] A tendência central do cartesianismo foi rebaixar o mundo dos assuntos práticos humanos ao tratá-lo como uma obscura confusão resultante da projeção de "valores subjetivos" em um mundo indiferente de "fatos objetivos":[34]

> Descartes não permite que o modo de ser das entidades intramundanas seja apresentado por elas mesmas; ao contrário, com base em uma ideia de ser cuja origem não revela e cuja legitimidade não demonstra (ser = constância da simples-existência), ele prescreve ao mundo, por assim dizer, seu ser "verdadeiro".[35]

Apesar desse abuso, contudo, é difícil resistir ao cartesianismo. Não se trata, nas palavras de Heidegger, de "um lapso fácil de corrigir". É mais que a meditação de um

---

32 §15, *H* 68, *MR* 96-7, *C* I, 109.

33 §21, *H* 100, *MR* 133, *C* I, 147.

34 Ver §21, especialmente *H* 99-100, *MR* 132-3, *C* I, 146-7.

35 §21, *H* 96, *MR* 129, *C* I, 142.

solitário pensador francês, e não apenas um erro, se é que realmente é um erro. E também é mais que simplesmente a filosofia palaciana da modernidade ou uma culminação da tradição ontológica da antiga Grécia, pois está enraizado em nossa existência, e "fundado em um modo de ser essencial do próprio Dasein".[36]

Uma vez tendo apreendido como nossa compreensão e incompreensão do mundo estão estruturadas pela distinção entre prontidão e simples-existência, podemos lembrar que o mundo contém também entidades de um terceiro tipo, a saber, nós mesmos. E não precisamos ter muita experiência em ruminações filosóficas para perceber que quando perseguimos a questão de nossa própria natureza corremos o risco de adentrar um terreno muito pantanoso. "Eu sou eu mesmo", podemos dizer, imaginando semiconscientemente que o mundo contém entidades chamadas "eus" (ou "personalidades", ou "identidades"), um dos quais por acaso é o nosso próprio. Nesse caso, contudo, estaremos tomando nós mesmos como distintos de nossos eus, o que é paradoxal, para dizer o mínimo.

Podemos nunca ter ouvido falar de Descartes, mas parece que adotamos facilmente os hábitos de ontologizar associados a seu nome – "reificando" a nós mesmos, ou tratando o "eu" como se fosse uma "coisa" solta no mundo, embora uma coisa de um tipo muito peculiar: alma, talvez, ou espírito, consciência, pessoa, sujeito ou mente – enfim, um fantasma de algum modo aprisionado na máquina de nosso corpo.[37] Voltamos incessantemente à ideia de que a fundação de nosso conhecimento é "o estar-dado do 'Eu'" (*Gegebenheit des Ich*).[38] Concebemos nossas percepções do mundo como se se tratasse de "retornar com uma presa na

---

36 §21, *H* 100, *MR* 133, *C* I, 147.

37 §10, *H* 46, *MR* 72, *C* I, 82.

38 §25, *H* 115, *MR* 151, *C* I, 166.

mão à 'cabana' da consciência, após sair para capturá-la".[39] De maneira similar, assumimos que nosso conhecimento dos outros depende de saltar, por meio da "empatia" ou "projeção", para fora de nossa subjetividade autoencerrada, esperando aterrissar na de outrem.[40]

Mas não seremos capazes de sustentar para sempre esse egocentrismo protocartesiano. Basta lançar os olhos para "o estoque de fenômenos pertencentes ao Dasein quotidiano" para nos sentirmos desconfortáveis em tratar o eu como um espaço interior privado isolado. Sabemos perfeitamente bem que a consciência não principia com a autoconsciência: percebemos coisas no mundo lá fora, não dentro de nossas cabeças, e quando nos relacionamos com outras pessoas encontramo-nos diretamente com elas, sem ter de primeiro "projetar" nelas um "eu". Na verdade, é de conhecimento comum que a autoconsciência leva-nos para fora de nós mesmos: não conseguimos sequer falar normalmente ou caminhar naturalmente por um aposento quando estamos autoconscientes dessas ações:

> Talvez o Dasein, quando se dirige da maneira mais próxima a si mesmo, sempre diga "eu sou essa entidade", e por fim, então, em voz ainda mais alta quando *não* é essa entidade. Mas e se essa constituição do Dasein, como algo que é sempre meu, fosse, antes de tudo e de forma geral, a razão para o Dasein *não ser ele mesmo*? E se a analítica existencial, com a abordagem acima mencionada, partindo do estar-dado do "eu" para o próprio Dasein, e uma natural autointerpretação deste, caísse por assim dizer em uma armadilha?[41]

É claro, por exemplo, que nossa existência no mundo quotidiano dos equipamentos prontamente-à-mão é sempre

39 §13, *H* 62, *MR* 89, *C* I, 101.

40 §26, *H* 124, *MR* 162, *C* I, 176.

41 §25, *H* 115-6, *MR* 151, *C* I, 166.

social. Ela transcorre essencialmente "com outros", e não no "'eu' isolado" de nossas imaginações cartesianas:[42]

> O campo, por exemplo, ao longo de cujos limites caminhamos, mostra-se como pertencente a tal e tal pessoa que o mantém em bom estado; o livro que utilizamos foi comprado de alguém, presenteado por alguém, e assim por diante.[43]

A existência quotidiana sempre tem lugar em um mundo compartilhado com outros – não outros opostos a nós, mas outros como nós e que estão conosco. Nunca somos um Dasein sozinho, mas sempre "Dasein-com" (*Mitdasein*); nosso ser é "ser-com" (*Mitsein*), e apesar do empuxo gravitacional de nosso cartesianismo espontâneo, até mesmo o autoconhecimento está "fundado em ser-com".[44] Assim, aqueles que laboram juntos em uma causa comum não obstruem reciprocamente suas existências, mas as enaltecem:

> O empenhar-se em comum pela mesma coisa é determinado pelo Dasein que cada um apreendeu por si próprio. É só essa ligação *autêntica* que torna possível a correta objetividade (*Sachlichkeit*) que libera o outro em sua liberdade para si mesmo.

Do mesmo modo, podemos ser solícitos com alguém "não para livrá-lo de seu 'cuidado', mas sim para devolvê-lo a ele autenticamente como tal" – e essa, presumivelmente, é a origem do genuíno ensinamento e verdadeira amizade.[45] "O mundo do Dasein", nas palavras de Heidegger, "é um mundo-compartilhado (*Mitwelt*)".[46]

---

42 §25, *H* 116, *MR* 152, *C* I, 167.

43 §25, *H* 117-8, *MR* 153-4, *C* I, 169.

44 §26, *H* 118, *MR* 155, *C* I, 170; *H* 124, *MR* 161, *C* I, 176.

45 §26, *H* 122, *MR* 158-9, *C* I, 174.

46 §26, *H* 118, *MR* 155, *C* I, 170.

Inautenticidade e o próprio-impessoal

*"I wandered lonely as a cloud"** pode ser um dos versos mais conhecidos da poesia inglesa, mas é também um dos mais estranhos. Ninguém realmente pode ser tão solitário como uma nuvem – nem mesmo Descartes, por mais que tentasse reificar sua alma meditativa. Na verdade, a própria nuvem não pode ser assim solitária: a solidão só pode afligir uma entidade cujo ser seja essencialmente um ser-com. Do mesmo modo, tratar outros "como se eles não existissem" é um insulto somente se eles tiverem sido inicialmente reconhecidos como "existentes". Solidão e incivilidade, em suma, não são negações do ser-com, mas suas formas pervertidas ou magoadas.[47]

Heidegger irá agora discorrer longamente sobre como o autêntico ser-com-outros degenera em mero "ser-entre-outros" (*Untereinandersein*), e, assim, em inautenticidade (*Uneigentlichkeit*). Inautenticidade é o que sucede quando não "possuímos" a nós mesmos – quando negligenciamos a peculiaridade de nossa existência como intérpretes do mundo, isto é, como Daseins, e tratamo-nos como se fôssemos apenas mais uma das entidades à-mão ou simples-existências com que deparamos no curso de nossa experiência. A inautenticidade surge, em particular, quando nos entendemos como eus cartesianos e vivemos nossas vidas quanto ao que Jean-Jacques Rousseau denominou *amour propre*, olhando constantemente por sobre nossos ombros e comparando nossos "eus" com os dos outros. Ficamos tomados pela ideia de estarmos à frente ou atrás, de sermos mais imponentes ou mais insignificantes, de sermos ou não mais elegantes que os outros, ou tão hábeis e experientes, ou tão jovens e belos. Em nossa ansiedade de nos distinguir dos demais tornamo-nos, porém, dependentes deles – não de alguém

---

* "Vagava solitário como uma nuvem." W. Wordsworth, *Daffodils*. (N. T.)
47 §26, *H* 120, *MR* 156-7, *C* I, 172.

em particular, mas do outro em geral, ou do que Heidegger chama *das Man*. (A palavra alemã *Man* corresponde ao pronome se usado impessoalmente – como em "diz-se que..." [*Man sagt, daß*...], mas a locução "o se" soa tão estranha que empregaremos em seu lugar "o impessoal".)* Sob a influência do "impessoal", degeneramos do "ser-com" (*Mitsein*) para o "ser-entre-outros" (*Untereinandersein*):

> Temos prazer e nos divertimos como *se* (*Man*) diverte; lemos, vemos e julgamos sobre literatura e arte como *se* vê e *se* julga, mas também nos afastamos da "grande massa" como dela *se* afasta ... Todo mundo é outro, e ninguém é ele próprio. O *impessoal* (*Das Man*), que responde à pergunta *Quem?* do Dasein quotidiano, é o *ninguém*, ao qual cada Dasein já se entregou, no "ser-entre-outros".[48]

O "impessoal", Heidegger nos explica, ensina-nos a desconsiderar tudo "como conhecido e acessível a todos", garantindo com isso que "tudo se torna obscuro".[49]

As quinze páginas que Heidegger dedicou ao florescimento da "inautenticidade" sob a ditadura do "impessoal"[50] são provavelmente as mais bem conhecidas de todo *Ser e tempo*, mas talvez igualmente as menos compreendidas. Como é usual, a linguagem da análise de Heidegger é extraída da vida ordinária, mas nessa ocasião ela tem um tom estridente de indignação moralista. O "próprio-impessoal" (*das Man-selbst*) é descrito como sua tríplice "queda" (*Verfallen*) na inautenticidade. A exemplo do próprio-impessoal, sempre caímos em "palavreado" (*Gerede*): "escrevinhamos", "bisbilhotamos" e "passamos

---

* Afastamo-nos aqui da solução de *MR* (p.149n): "the 'they'", que julgamos demasiado idiossincrática, preferindo a solução de *C* (I, 319). A passagem entre parênteses no texto foi ligeiramente modificada para adaptar-se a essa escolha. (N. T.)

48 §27, *H* 127, *MR* 164, *C* I, 179; *H* 128, *MR* 165-6, *C* I, 181.

49 §27, *H* 127, *MR* 165, *C* I, 180.

50 §27, *H* 126, *MR* 164, *C* I, 179.

adiante a notícia", não com o fito de dizer coisas sobre o mundo mas apenas para driblar o silêncio e manter a "comunicação" meramente em vista da comunicação. No palavreado:

> não se compreendem tanto as entidades de que se fala, mas dão-se ouvidos apenas ao que é falado como tal. É isso que é entendido; aquilo sobre que se fala só o é aproximadamente e por alto.[51]

A corrupção do discurso implica que o questionamento genuíno é esmagado por nosso desejo ansioso de estar bem informados e atualizados sobre o que geralmente se acredita estar acontecendo – em outras palavras, ele degenera em "curiosidade", a segunda forma de inautenticidade:

> A curiosidade é caracterizada por uma peculiar tendência a *não se deter* sobre o que está mais próximo ... Ao não se deter, a curiosidade está preocupada com a constante possibilidade de *distração* ... Ela se preocupa em conhecer, mas apenas com o fito de tomar conhecimento.[52]

Graças ao palavreado e à curiosidade, aprendemos a nos ocupar com questões sobre as quais "qualquer um pode dizer qualquer coisa". Vacinamo-nos contra surpresas, tornamo-nos indiferentes às distinções entre prova e suspeita, ou verdade e crença, e caímos na terceira forma de inautenticidade, que Heidegger chama "ambiguidade":

> Tudo parece genuinamente entendido, apreendido, discutido, e no fundo não está; ou não parece estar, e no fundo está ... O palavreado e a curiosidade, em sua ambiguidade, cuidam para que as novas e genuínas criações já estejam antiquadas quando chegam a público ... Antecipações e palpites curiosos tomam-se pelo que está realmente ocorrendo.[53]

---

51 §35, *H* 168, *MR* 212, *C* I, 228.

52 §36, *H* 172-3, *MR* 216-7, *C* I, 24.

53 §37, *H* 173-4, *MR* 217-9, *C* I, 234-5.

Para piorar ainda mais as coisas, abraçamos nossa existência no "próprio-impessoal" com entusiasmo, congratulando-nos pela maturidade de nosso autoconhecimento, a plenitude de nossas vidas e a riqueza de nossa cultura. Nosso "mergulho de cabeça" está oculto para nós, como diz Heidegger, e chega mesmo "a ser interpretado como 'ascender' e 'viver concretamente'".[54]

Essas irritadas evocações da pomposa trivialidade da vida quotidiana têm óbvias afinidades com as famosas denúncias do industrialismo encontradas em Ruskin, D. H. Lawrence e F. R. Leavis, com o anticapitalismo romântico de Thoreau ou William Morris, com a crítica de Marx do "fetichismo da mercadoria" ou com os lamentos dos conservadores sobre a erosão da verdadeira comunidade na "modernidade". Heidegger, contudo, insistiu em que suas análises estavam "muito distantes de qualquer crítica moralizadora" – elas não "expressavam nenhuma avaliação negativa", declarou, nem implicavam "uma 'queda' de um 'estado original' mais puro e mais elevado".[55] Ele, na verdade, ressaltou que as denúncias generalizadas à "grande massa" da humanidade eram elas mesmas obras do "próprio-impessoal".[56] A queda no palavreado, na curiosidade e na ambiguidade foi um traço das "sociedades primitivas" e da antiga Grécia tanto quanto da Europa moderna. A inautenticidade não foi um defeito ético dos fracos de vontade, mas uma estrutura necessária de nossa existência como entidades autointerpretantes que não podem evitar interpretar a si mesmas de forma não apropriada, ou seja, com relação ao mundo.

Nossa inerente "capacidade de nos iludir", diz Heidegger, tem um "caráter existencialmente positivo". Estamos constantemente em um estado de "queda" porque enquanto vivermos jamais poderemos alcançar um equilíbrio estável, e menos

---

54 §38, *H* 178, *MR* 223, *C* I, 240.

55 *H* 167, *MR* 211, *C* I, 227; §38, *H* 175-6, *MR* 220, *C* I, 237.

56 §27, *H* 127, *MR* 164, *C* I, 179.

ainda um estado de repouso.[57] No máximo mantemo-nos suspensos entre movimentos opostos mas incomensuráveis. O primeiro movimento é simplesmente "como estamos" a cada instante. Quer serenos ou indignados, eufóricos ou tristes, estamos sempre "lançados" em um ou outro humor.[58] E qualquer humor será necessariamente enganador em algumas conexões, mas revelador em outras. Se estamos atormentados pelo ciúme ou paralisados pela tristeza, então a "abundância de coisas que podem ser descobertas simplesmente caracterizando-as" tornar-se-á inacessível para nós, e estaremos incapacitados para uma investigação científica puramente factual. Por outro lado, há algumas questões que não podemos entender a menos que estejamos emocionalmente perturbados: "é precisamente quando vemos o 'mundo' de forma instável e segundo as oscilações do humor", diz Heidegger, "que o 'à-mão' se mostra em sua específica mundanidade, que nunca é a mesma de um dia para outro".[59]

Mas nosso "estar lançados" (*Geworfenheit*) – o movimento que sempre nos fez aterrissar, quiséssemos ou não, em algum humor que não podemos compreender completamente – é contrabalançado por um movimento pelo qual nos "lançamos" para fora, tornando-nos "mais" do que já somos à medida que tentamos compreender o mundo.[60] Cada compreensão é projetada a partir de um humor no qual fomos lançados, e cada humor lança para fora uma compreensão que ele projeta no mundo: existimos, essencialmente, como "projeção lançada" (*Geworfener Entwurf*).[61]

Os dois movimentos de nossa existência – humor "lançado" e compreensão "projetiva" – não podem jamais ser sintetizados ou harmonizados ou mutuamente calibrados.

---

57 §29, *H* 138, *MR* 177, *C* I, 192.

58 §29, *H* 136, *MR* 175, *C* I, 190.

59 §29, *H* 138, *MR* 177, *C* I, 192.

60 §31, *H* 145, *MR* 185, *C* I, 200-1.

61 §31, *H* 148, *MR* 188, *C* I, 204.

Em nossas tentativas de autoentendimento sempre estaremos negligenciando um ou outro deles. Projetando a partir do ser-lançado, e lançado à projeção, "o Dasein em cada caso já se perdeu e se desconheceu".[62]

Isso não quer dizer que o autoconhecimento não possa esperar tornar-se rigoroso e mesmo científico; apenas que "ele não pode nunca tornar-se tão independente da perspectiva do observador como se supõe ser nosso conhecimento da natureza". O autoentendimento nunca começa a trabalhar em uma tela em branco: ele está sempre em progresso e nunca se completa. Não podemos nos entender ou ver por meio de nossas próprias incompreensões e corrigi-las, exceto quanto ao nosso próprio entendimento. Não temos outra escolha senão argumentar em círculo. "O que é decisivo", diz Heidegger, "não é sair do círculo, mas entrar nele da maneira certa."[63]

Angústia e verdade na clarificação do cuidado

Quando pensamos em "existência autêntica", a imagem inicialmente sugerida é a de um indivíduo áspero e desafiador que se recusa a ser moldado pelas convenções ou levado de arrasto junto com a multidão. Mas não demoraremos muito para perceber que essa imagem possui aquela peculiar combinação de "falsa clareza" e profunda confusão típica do próprio-impessoal: ela representa, de fato, uma interpretação inautêntica da autenticidade.[64] Ela nutre-se do mito de um "ponto circunscrito a si mesmo", ou "'eu' isolado", ou "sujeito absoluto idealizado" anteriores à Queda bíblica – "resíduos da

62 §31, *H* 144, *MR* 184, *C* I, 200.

63 §32, *H* 152-3, *MR* 194-5, *C* I, 209-10; v. tb. §63, *H* 314-5, *MR* 362-3, *C* II, 107-8.

64 §34, *H* 164, *MR* 208, *C* I, 223-4.

teologia cristã ainda não radicalmente expurgados",[65] como diz Heidegger. No íntimo, porém, sabemos que não existimos à maneira de coisas, como nuvens ou relógios. Não somos itens "sem mundo" no interior do mundo, mas locais nos quais o mundo se revela – se mostra para cada um de nós de acordo com nossos idiossincráticos vieses e ângulos de interpretação. Somos essencialmente "dotados de mundo": seres no mundo e não do mundo. *"O Dasein é a sua abertura"*, nas palavras de Heidegger. Ele está "clareado (*gelichtet*) em si mesmo *enquanto* ser-no-mundo, não mediante outra entidade, mas de tal modo que ele mesmo é a clarificação (*die Lichtung*)".[66] Não somos como um vigoroso carvalho na grande floresta do ser, mas uma vereda serpenteando a esmo, ou uma clareira aberta.

As peculiaridades da existência como clarificação do ser podem ser todas capturadas, sugere Heidegger, por uma única palavra: "cuidado" (*Sorge*). O mundo pode ser definido como aquilo a que dedicamos nosso cuidado, e nós podemos ser definidos como aquilo que dedica cuidado ao mundo. Mas, enquanto cuidado, estamos fendidos em dois, de uma maneira que recorda os movimentos irreconciliáveis da "projeção lançada": estamos divididos, poder-se-ia dizer, entre o *ter cuidado por* (que pesa sobre nós como uma carga do passado) e o *tomar cuidado com* (em relação a possibilidades que projetamos no futuro). Não somos, enquanto cuidado, um objeto fixo no interior do mundo, mas uma extensa rede de atenções para com ele. Contrário ao que imaginaria o próprio-impessoal, não podemos nos aproximar da autenticidade tentando ausentar-nos do mundo, mas apenas identificando-nos escrupulosamente com as tramas de cuidados que amarram o mundo. O cuidado revela nossa existência como sempre *"à-frente-de-si-mesma-ao-já-estar-em-um-mundo"* (*Sich-vorweg-im-schon-sein-in-einer-Welt*).[67]

---

65 §38, *H* 179, *MR* 223, *C* I, 241; §44, *H* 229, *MR* 272, *C* I, 299.

66 §28, *H* 133, *MR* 171, *C* I, 187.

67 §41, *H* 192, *MR* 236, *C* I, 256.

"This above all – to thine own self be true", diz Polônio a Laerte.* Isso pode parecer uma observação insuspeitadamente autêntica para emergir dos lábios do "valete leviano e tagarela" de Hamlet, mas é, de fato, um conselho típico do próprio-impessoal. Pois Polônio está aconselhando seu filho a ser fiel a um "eu" que supostamente se oculta dentro dele como uma joia mágica: ele quer que Laerte seja *sincero*, em vez de autêntico. A autenticidade, abrindo com lúcido cuidado seu caminho pela trama do mundo, destruiria a ilusão de Polônio quanto a um "próprio eu". A insígnia da autenticidade não é um punho cerrado mas uma mão aberta.

Sua existência como um indivíduo não é um fato dado da natureza; você está, antes, de forma ou autêntica ou inautêntica, "individualizado" em sua existência. Em sua quotidianidade mediana, você se terá identificado ao indiferente isolamento do próprio-impessoal, mas sempre pode ser trazido de volta a você mesmo, não como um mítico e concentrado "ponto autocircunscrito", mas como o clarão e abertura dispersos que você autenticamente é. Por exemplo, uma obra de arte pode deixá-lo surpreso e, em vez de ser transportado para fora do mundo, como a estética clássica poderia levá-lo a esperar, você se descobre preso a ele mais decididamente que nunca. O mesmo pode acontecer quando você fica emudecido pela beleza de uma paisagem ou de um corpo humano. Em *Ser e tempo*, entretanto, é a angústia (*Angst*) que provê o caminho mais fácil para a autenticidade. A angústia, argumenta Heidegger, é um tipo de náusea ontológica que se apodera de você sempre que você chega perto de compreender a instabilidade inerente de sua existência. É como o medo, só que pior: uma apreensão insondável que você jamais pode chegar a compreender.

* "E isto acima de tudo: sê verdadeiro para consigo mesmo". *Hamlet*, ato I, cena 3. (N. T.)

> É característico daquilo que temos angústia que o ameaçador não está em *parte alguma*. A angústia "não sabe" o que é isso perante o que se sente angustiado ... O ameaçador, portanto, não pode nem mesmo aproximar-se a partir de uma determinada direção nas proximidades; ele já está "aí" – e, contudo, em nenhum lugar; está tão perto que é opressivo e faz-nos perder o fôlego – e contudo não está em lugar algum.[68]

A natureza indefinida da angústia não se deve, contudo, à imperceptibilidade; ela dá perfeita expressão à qualidade de existência autêntica, com sua combinação estranhamente familiar do absolutamente familiar com o totalmente estranho – em suma, sua estranheza (*Unheimlichkeit*).

> Na angústia sentimo-nos "*estranhos*". Com isso se expressa de maneira mais próxima a peculiar indeterminação da situação em que o Dasein se encontra na angústia ... A angústia traz de volta o Dasein de sua queda e absorção no "mundo". A familiaridade quotidiana colapsa. O Dasein se individualiza, mas *como* ser-no-mundo.[69]

Contudo, nossa individualidade como seres-no-mundo nada tem em comum com o individualismo do próprio-impessoal:

> A angústia individualiza o Dasein e o revela assim como um "*solus ipse*" [um "ele próprio isolado"]. Mas esse "solipsismo" existencial está muito longe de ser o deslocamento de um sujeito-coisa na vacuidade inócua de uma ocorrência desprovida de mundo; antes, o que ele faz, num sentido extremo, é justamente colocar o Dasein frente a frente com seu mundo enquanto mundo e, com isso, frente a frente consigo mesmo enquanto ser-no-mundo.[70]

---

68 §40, *H* 186, *MR* 231, *C* I, 250.

69 §40, *H* 188-9, *MR* 233, *C* I, 252-3.

70 §40, *H* 188, *MR* 233, *C* I, 252-3.

O solipsismo existencial é exatamente o oposto do solipsismo no sentido clássico: não uma tímida retirada do mundo, mas uma ousada descoberta e reapropriação deste.

Por outro lado, a explicação de Heidegger sobre a angústia e a autenticidade presta-se aparentemente a ser vista como uma antiquada fábula moral: uma história de como o Dasein, quando jovem, não era senão uma abertura natural no mundo-compartilhado; de como foi, então, seduzido e corrompido pelas lisonjas da inautenticidade e de como sucumbiu por fim à angústia, arrependeu-se e retornou à autêntica individualidade. Mas uma fabulação desse tipo destrói o argumento de Heidegger, pois a abertura, o próprio-impessoal e a individualização autêntica não são modos alternativos de vida, como os do tolo, do pecador e do santo, mas formas mutuamente interdependentes de autointerpretação, tão inseparáveis e indistinguíveis quanto os lados opostos de uma faixa de Möbius.

Além disso, diferentes formas de autoentendimento correspondem a diferentes interpretações da tradição filosófica. A visão convencional dessa tradição, codificada nos livros didáticos desde meados do século XIX, está centrada no "problema do conhecimento". Supõe-se que o tema veio à luz quando Descartes refutou o "realismo ingênuo" mostrando que nossas percepções muitas vezes nos enganam, o que sugere que é possível que jamais conhecêssemos nada exceto as instalações e equipamentos interiores de nossas próprias mentes.[71] Isso, prossegue a história, deixou à filosofia a tarefa de "refutar o cético", que dividiu os filósofos entre "realistas" (como Descartes), que acreditavam poder provar a existência de um mundo exterior, e "idealistas" (como Berkeley), que não acreditavam.[72] Ao final do século XVIII, entretanto, Kant denunciou a disputa como "um escândalo

71 §44, *H* 215, *MR* 258, *C* I, 282-3.

72 §44, *H* 228-9, *MR* 271, *C* I, 298; §43, *H* 202, *MR* 246, *C* I, 268.

da filosofia e da razão humana em geral", e arranjou uma espécie de compromisso entre as duas seitas.[73]

Heidegger não tem dificuldade em mostrar que essa interpretação da história da filosofia está ela própria fundada num preconceito filosófico – a opinião de que o conhecimento deve principiar na "experiência interior" de um "sujeito isolado":[74]

> Se víssemos por inteiro a distinção e o nexo entre "interior" e "exterior" que a prova de Kant pressupõe, se concebêssemos ontologicamente o que está implicado nessa pressuposição, então desmoronaria a possibilidade de sustentar que uma prova da "existência de coisas exteriores a mim" é uma prova necessária que ainda está por ser dada.
>
> O escândalo da filosofia não é que essa prova ainda esteja por ser dada, mas que *tais provas continuem incessantemente sendo esperadas e procuradas*.[75]

O escândalo, em outras palavras, é que se espere que a filosofia empenhe seus esforços para "refutar o cético", uma tarefa que é não apenas intelectualmente enfadonha, mas existencialmente incoerente. Quem seria, afinal, esse "cético"? "A questão de se há afinal um mundo e se sua existência pode ser provada não faz sentido se levantada pelo *Dasein* enquanto ser-no-mundo – e quem mais iria levantá-la?"[76] O problema só pode ser levado a sério ao passo que "o tipo de ser daquele que produz e exige provas *não está suficientemente determinado*". O que o problema assume, em outras palavras, é que o Dasein é "um sujeito inicialmente *desprovido de um mundo*, ou que não está seguro de seu mundo e que, no fundo,

---

73 §43, *H* 203, *MR* 247, *C* I, 269.

74 §43, *H* 204, *MR* 248, *C* I, 270.

75 §43, *H* 205, *MR* 249, *C* I, 271.

76 §43, *H* 202, *MR* 246-7, *C* I, 269.

precisa primeiro assegurar-se de um mundo".[77] Não podemos sequer dizer que o Dasein "pressupõe" a existência do mundo, dado que "com tais pressuposições o Dasein sempre chega 'demasiado tarde'; ... ele, *como uma entidade*, já está em um mundo".[78] E se existe de fato algum cético genuíno, "ele *nem* sequer *precisa* ser refutado", dado que "na medida em que *existe* e concebeu-se a si mesmo nessa existência, ele, no desespero do suicídio, eliminou o Dasein, e com isso também a verdade".[79]

As histórias da filosofia informam-nos de que o "problema da verdade" remonta a Aristóteles, que definiu verdade como uma correspondência entre dois tipos de entidades: juízos, de um lado, e objetos, de outro.[80] Mas também esse problema é existencialmente incoerente. Não podemos apreender a ideia de uma correspondência entre juízos e objetos a menos que já tenhamos alguma compreensão mais fundamental da verdade, e uma apreciação rudimentar de sua superioridade intrínseca à falsidade. Enquanto seres-no-mundo, já temos sempre de existir "tanto na verdade como na não-verdade".[81] Contudo, nosso precioso entendimento original da verdade, em vez de ser valorizado e afetuosamente educado pela tradição filosófica, parece ter sido brutalmente ignorado desde a época dos "gregos" e do "ocultamento implícito em sua ontologia":

> A verdade como abertura e como ser descobridor para seres descobertos tornou-se verdade como concordância entre simples-existências internas ao mundo.

---

77 §43, *H* 206, *MR* 250, *C* I, 272.

78 §43, *H* 206, *MR* 249, *C* I, 272.

79 §44, *H* 229, *MR* 271, *C* I, 298.

80 §44, *H* 214, *MR* 257, *C* I, 282.

81 §44, *H* 222, *MR* 265, *C* I, 291.

A "concepção tradicional de verdade", conclui Heidegger, é "ontologicamente derivativa". Ela remonta ao momento em que os filósofos gregos tentaram remover a verdade e a falsidade do mundo, "trocando-as" por propriedades lógicas inertes de conjeturas intelectuais abstratas.[82]

Mas Heidegger não recomenda que joguemos fora os obstinados raciocínios da "velha e 'boa' tradição" e retornemos a uma espécie de irracionalismo subjetivista sentimental. Isso, como ele observa, seria um "ganho duvidoso".[83] Mas não é essa a escolha que enfrentamos. Tudo pode ser interpretado de forma autêntica ou não-autêntica, e isso inclui não apenas o Dasein mas também a tradição filosófica. Da forma como são tradicionalmente entendidos, os clássicos da filosofia são guiados por questões existencialmente incoerentes que reduzem palavras como "mundo" e "verdade" a meras sombras de si mesmas, "nivelando-as naquela ininteligibilidade que funciona, por sua vez, como uma fonte de pseudoproblemas". Porém, se as reinterpretarmos à luz de problemas autênticos, elas retornarão ao que eram e descobriremos que "a *força das palavras mais elementares* nas quais o Dasein se expressa" está "simultaneamente viva" dentro delas.[84]

A análise existencial da verdade revelará que a filosofia tradicional é bem mais inteligente do que faz crer a tradição filosófica. Se a análise tem alguma novidade não será porque lhe faltem precedentes, mas porque atinge autenticamente o passado, respondendo com novo vigor ao "que foi primordialmente imaginado na *mais velha* tradição da filosofia antiga". Filosofar de maneira autêntica não nos requer "*jogar fora* a tradição", mas sim fazê-la autenticamente nossa, e "*apropriá-la* primordialmente".[85]

---

82 §44, *H* 225, *MR* 268, *C* I, 294.

83 §44, *H* 219, *MR* 262, *C* I, 287.

84 §44, *H* 220, *MR* 262, *C* I, 288.

85 §44, *H* 220, *MR* 262, *C* I, 288.

Os clássicos da filosofia dão todos eles testemunho de uma certa afinidade entre ser e verdade. "Na problemática ontológica", como diz Heidegger, "*ser* e *verdade* aparecem desde o início unidos, quando não plenamente identificados".[86] Mas ao mesmo tempo em que essa associação é familiar, ela é também surpreendente, pois "verdade" é claramente uma propriedade de nossos juízos, e dependente, portanto, das convenções históricas que dão significado a nossas palavras, ao passo que "ser" tem sido tradicionalmente enaltecido como algo acima da contingência, e considerado como dotado de uma existência objetiva completamente independente de nós. Ao associar ser e verdade, portanto, a filosofia parece ter estado murmurando silenciosamente contra sua própria doutrina oficial de uma objetividade absoluta.

Mas talvez o ser não tenha nada a temer de sua relação com a verdade. As conquistas da ciência não têm de ser ameaçadas pela interpretação da objetividade quanto à existência do Dasein como abertura. De fato, se Heidegger está correto, elas serão "resgatadas" por essa interpretação:[87]

> O Dasein, enquanto constituído pela abertura, está essencialmente na verdade. A abertura é um modo de ser essencial do Dasein. *Só "há" verdade à medida que o Dasein existe*. Entidades só são descobertas *quando* – e só se abrem uma vez que – o Dasein de algum modo *existe*. As leis de Newton, o princípio da contradição, toda verdade, qualquer que seja, só são verdadeiros enquanto o Dasein existe. Antes de o Dasein existir de algum modo, e depois de não mais existir de modo algum, não havia nem haverá nenhuma verdade, pois a verdade como abertura, descoberta e descobrimento *não pode* nesse caso existir. Antes de serem descobertas, as leis de Newton não eram "verdadeiras"; mas disso não segue que fossem falsas, nem mesmo que se tornariam falsas se, onticamente, nenhuma descoberta fosse

86 §39, *H* 183, *MR* 228, *C* I, 247.

87 §21, *H* 101, *MR* 134, *C* I, 148.

mais possível. É só nesse pequeno grau que tal "restrição" traz alguma diminuição ao ser-verdadeiro das verdades.

Dizer que antes de Newton suas leis não eram nem verdadeiras nem falsas não significa que as entidades descobertas e apontadas por essas leis antes não existiam. As leis se tornaram verdadeiras por meio de Newton, e, com elas, entidades ficaram acessíveis em si mesmas ao Dasein. Ao serem descobertas, essas entidades se mostram precisamente como entidades que já existiam antes. Esse tipo de descoberta é o modo de ser da "verdade".[88]

É apenas porque as leis de Newton são projeções da existência historicamente situada do Dasein que podem revelar-nos um aspecto permanente da natureza tal como ela realmente é. "*Toda verdade é relativa ao ser do Dasein*", diz Heidegger; de outro modo a ciência estaria fora de nosso alcance. A ciência é indubitavelmente histórica, mas a história não é nenhuma inimiga da verdade.

---

88 §44, *H* 226-7, *MR* 269, *C* I, 295-6.

CONSCIÊNCIA, TEMPO E A VERDADE DA HISTÓRIA

Se a Divisão Um de *Ser e tempo* foi bem-sucedida, ela nos terá persuadido de que nossa existência nada mais é que nosso ser-no-mundo, na falsidade ou na verdade. Teremos aceitado que no interior deste mundo há itens de "equipamento" quotidiano com os quais nos relacionamos de uma maneira humana prática, assim como "coisas da natureza" simplesmente-existentes que podemos tratar como objetos de uma teoria impessoal. Teremos também reconhecido nossa inerente tendência de interpretar a nós mesmos "relativamente ao mundo", e com isso falsificar nossa existência e emaranharmo-nos na inautenticidade do próprio-impessoal. Além disso, teremos notado que a filosofia tradicional como um todo pode ser vista como conspirando para subscrever nossa inautenticidade.

Mas também nos foram exibidos alguns caminhos para escapar da inautenticidade, demonstrando que não somos de fato eus cartesianos autoencerrados e autocentrados, mas aberturas receptivas voltadas para o mundo. Fomos lembrados de uma "capacidade de ouvir que é genuína, e uma convivência que é transparente", e recebido assim uma certa convocação à subjetividade autêntica.[89]

A autenticidade, entretanto, não é jamais uma condição confortável. Ela significa entendermo-nos existencialmente, e apropriarmo-nos desse entendimento; mas isso implica

89 §34, *H* 165, *MR* 208, *C* I, 224.

aceitar que não somos mais que redes mutáveis de interpretações, sem nenhuma "essência" interna que mantenha nossa existência coesa, e essa é uma perspectiva que pode não nos agradar. Preferiríamos ser algo mais substancial, por isso fugimos mais uma vez de nosso autêntico ser e concebemos a nós mesmos como itens de equipamentos, ou coisas naturais, em vez de meros seres-no-mundo.[90]

Ao mesmo tempo, nossa tendência a evitar a verdade sobre nós mesmos e refugiarmo-nos na inautenticidade é mais que um simples engano, mais que um tolo erro que pudéssemos esperar corrigir e superar – ela é, na verdade, parte integrante da existência autêntica. A subjetividade inautêntica e a autêntica não se opõem como uma nota falsificada a uma nota verdadeira, ou um substituto de café ao café real. A inautenticidade nada mais é que a autenticidade mal compreendida, e a autenticidade é o entendimento da inautenticidade. A autenticidade "não é algo que flutua acima da quotidianidade decadente", diz Heidegger, mas simplesmente "uma maneira modificada pela qual essa quotidianidade é apreendida".[91] Ela nos persegue quando nos rendemos à proteção do impessoal, como uma verdade difícil que sempre ignoramos mas não podemos nunca esquecer completamente. "O senso comum entende mal o entendimento", nas palavras de Heidegger.[92] Ele o faz necessariamente, mas com uma consciência sempre inquieta.

A consciência é, ela mesma, um excelente exemplo de uma forma de entendimento que o senso comum entende mal. Nós a imaginamos como uma espécie de voz que nos sussurra reprovações misteriosamente acuradas sobre nossas faltas mais secretas. Então, com o encorajamento da filosofia tradicional e da teologia cristã, passamos a

---

90 §63, *H* 315, *MR* 363, *C* II, 108; *H* 313, *MR* 361, *C* II, 106.

91 §38, *H* 179, *MR* 224, *C* I, 241 v. tb. §27, *H* 130, *MR* 168, *C* I, 183; §54, *H* 267, 268, *MR* 312, 313, *C* II, 52, 53.

92 §63, *H* 315, *MR* 363, *C* II, 108.

interpretá-la como um chamado de um poder transcendente que tem acesso ilimitado a nossos segredos, e visualizamos uma lista terrível em que todas as nossas faltas, por mais leves que sejam, estarão assinaladas de forma impiedosa e irrevogável. Mas no próprio momento em que articulamos essa imagem, algo – nossa consciência, talvez – nos dirá que nossa interpretação se desencaminhou. Sabemos que a voz com que nossa consciência nos chama não é a de uma força exterior, ruidosa e importuna. A voz da consciência é nossa própria voz, uma potencialidade calma e paciente cujo próprio silêncio, como Heidegger diz, pode evocar-nos a "possibilidade de um outro modo de ouvir".[93] A consciência é nosso próprio eu autêntico conclamando a si próprio de fora do próprio-impessoal:

> O próprio-impessoal é chamado ao próprio-eu. Mas não àquele eu que pode tomar a si mesmo como "objeto" de julgamentos, não ao eu da dissecação sôfrega e infundada de sua "vida interior", não ao eu que fita "analiticamente" as condições psíquicas e o que lhes subjaz. O apelo ao próprio-eu no próprio impessoal não o força para dentro de si mesmo, para que possa se isolar do "mundo exterior". O chamado ignora todas essas coisas e as dispersa, para apelar somente ao eu que, não obstante, só existe à maneira de um ser-no-mundo.[94]

A consciência não é um higienista espiritual recomendando-nos lavar a sujeira do mundo e mantermo-nos longe dele; é, ao contrário, uma recordação do fato de que estamos inextricavelmente ligados ao mundo pelas linhas do cuidado. Ela nos chama a atenção para nossa existência como projeção lançada, e renova nosso reconhecimento de que nunca podemos nos "apoderar de [nosso] ser mais próprio

---

93 §55, *H* 271, *MR* 316, *C* II, 56.

94 §56, *H* 273, *MR* 318, *C* II, 58-9.

a partir dos fundamentos".[95] É por isso que uma consciência autêntica é sempre uma consciência "culpada": ter uma "boa consciência" é não ter nenhuma. Além disso, a consciência é ontológica antes de ser ética: ela é o "chamado do cuidado", revelando-nos a crônica irregularidade, fragmentação e incompletude de nosso ser-no-mundo.[96]

A morte e o tempo de existência

Há um sentido óbvio, entretanto, em que cada um de nós chegará finalmente a completar-se, quer nos agrade ou não. Afinal, não vivemos para sempre, e a soma total de nossa existência poderia ser definida como o que será subtraído do mundo com a nossa morte. Mas isso apenas torna o problema mais premente, pois como poderíamos estar alguma vez em posição de conceber essa totalidade? Enquanto vivemos, antecipamos o futuro: estamos essencialmente imbuídos do que Heidegger chamou "uma constante 'incompletude' (*Unganzheit*)", uma série perpétua de assuntos pendentes. Não é apenas nossa existência presente, mas também esse estender-se para a frente que finalmente encontra "um fim com a morte".[97] Será sempre demasiado cedo e demasiado tarde para apreender nossa existência como um todo.

Você talvez imagine que poderia totalizar sua existência por meio de uma analogia, observando as mortes dos outros e aplicando o que aprender ao seu próprio caso. Mas a analogia sempre irá traí-lo no ponto crucial. A morte de outros é o fim do mundo deles, não do seu; ela ocorre no interior de seu mundo, não do mundo dos que morreram, e será lembrada por você, não por eles. Quando lamentamos

95 §58, *H* 284, *MR* 330, *C* II, 72.

96 §57, *H* 274, *MR* 319, *C* II, 60.

97 §48, *H* 243, 242, *MR* 287, 286, *C* II, 24, 23.

uma morte, como aponta Heidegger, é porque "o falecido abandonou nosso '*mundo*' e o deixou para trás". E é sempre "relativamente a esse mundo" que o lamentamos.[98]

Como alternativa, você poderia tentar pensar uma vida como atingindo sua plena realização, à maneira de um fruto que cresce até a madura perfeição e depois cai subitamente no chão. Mas essa comparação tampouco lhe será de utilidade:

> Com a madurez o fruto se *completa*. Mas será que a morte à qual chega o Dasein é um completar-se nesse sentido? É verdade que, com sua morte, o Dasein "completou seu percurso". Mas terá ele com isso também necessariamente exaurido suas possibilidades específicas? Não terão estas, ao contrário, precisamente lhe sido retiradas? Mesmo um Dasein "incompleto" chega ao fim. Por outro lado, o Dasein tem tão pouca necessidade de só chegar à sua maturidade com a morte que pode muito bem já ter ultrapassado esse estágio antes de seu fim. Na maioria das vezes o Dasein termina incompleto, ou então desintegrado e esgotado.[99]

Você será sempre muito jovem ou muito velho para morrer.

O único modo pelo qual você poderá alguma vez entender a significação da totalidade de sua existência, sugere Heidegger, é considerando sua morte não como alguma contingência distante, mas bem definida, como ser atingido por um raio, mas sim como uma certeza indefinida mas iminente que "*é a cada instante possível*".[100] Você não vive sua vida por um certo número de anos e então para, como um motor que se mantém girando até finalmente ficar sem combustível. Cada momento de sua existência é afetado por morte, ou, antes, por seu "ser para a morte" (*Sein zum Tode*).

---

98 §47, *H* 238, *MR* 282, *C* II, 18-9.

99 §48, *H* 244, *MR* 288, *C* II, 25.

100 §52, *H* 258, *MR* 302, *C* II, 41.

Você é essencialmente finito, seus dias estão contados. (As pessoas são algumas vezes louvadas por serem "generosas para com seu tempo", e talvez não exista outra espécie de generosidade – a ideia de generosidade não faria muito sentido se não fôssemos morrer nunca.) Você pode esforçar-se para esquecê-lo, mas sua vida está sempre impregnada pelo sentido que você tem de seu fim.

É um lugar comum dizer que a morte é a grande igualizadora, mas em outro sentido, como Heidegger aponta, ela é o que nos "individualiza" de forma mais absoluta. A morte não nos dota de "individualidade" no sentido de uma personalidade interna distinta, mas estabelece as diferenças nuas que separam uma existência de outra: os fatos tumulares da vida. Apesar da sociabilidade extrema do "mundo-compartilhado", cada existência é, ao fim e ao cabo, radicalmente "não-relacional". Sua morte diz respeito unicamente a você, porque quando você morre, seu estar-no-mundo-com-outros chega a um fim, mas o deles, embora possa ser afetado de um ou outro modo, continua. O único sentido em que você pode apreender sua existência como um todo é confrontando a "possibilidade de não-poder-mais-estar-aí" (*Nicht-mehr-dasein-können*) como sua "possibilidade mais própria", e vendo assim sua vida como uma permanente incompletude que não obstante chegará a um fim.[101]

É claro que o senso comum de nosso próprio-impessoal achará muito mórbida e irritante toda essa discussão filosófica sobre a morte. Ele reconhecerá o fato da morte com um aceno de mão e "um ar de superioridade", mas vai evitar pensar sobre suas implicações:[102]

> "Morrer" nivela-se a uma ocorrência que atinge, é verdade, o Dasein, mas não diz respeito a ninguém em particular ... A morte, que é essencial e insubstituivelmente minha, é convertida em um

101 §50, *H* 250-1, *MR* 294-5, *C* II, 32-3.

102 §52, *H* 258, *MR* 302, *C* II, 41.

> acontecimento público que atinge o impessoal ... A atitude de esquivar-se da morte pela sua ocultação domina a quotidianidade de forma tão pertinaz que na convivência os "mais próximos" muitas vezes continuam tentando convencer o moribundo de que ele vai escapar à morte e logo retornar à tranquila quotidianidade do mundo de suas ocupações. Essa "solicitude" até mesmo crê estar com isso "consolando" o moribundo ... No fundo, porém, isso vale [como um consolo] não apenas para o moribundo, mas em mesmo grau para os "consoladores" ... Não é raro que a morte dos outros seja vista como uma inconveniência social, quando não mesmo uma falta de tato contra a qual a vida pública deve ser resguardada.[103]

"Todo mundo tem de morrer", diremos dando de ombros com uma expressão comicamente carrancuda. Mas essa é apenas a tagarelice do próprio-impessoal, tentando, como de hábito, desviar nossa atenção do fato de que teremos todos de morrer nossas próprias mortes, a sós, em nossa contingência não-relacional.

Sem dúvida, o senso comum irá suspeitar de um conflito entre o envolvimento aberto com o mundo, ao qual somos chamados por nossa consciência, e o isolamento não-relacional que vem à luz em nosso "ser-para-a-morte". Mas o senso comum interpreta mal a morte e a consciência, assim como interpreta mal todo o restante. De resto – ou pelo menos Heidegger irá tentar convencer-nos disso –, todas as suas incompreensões e, em consequência, toda nossa inautenticidade podem ser remontadas a uma única origem: nosso entendimento de senso comum do tempo.

Em primeiro lugar, o tempo pode ser entendido como "tempo mundano" (*Weltzeit*), o tempo prático dos equipamentos à-mão – de colheitas e refeições, encontros e tarefas, de levantar-se da cama e de ir dormir.[104] O tempo mundano é bem literalmente o tempo da "quotidianidade", porque,

---

103 §51, *H* 253-4, *MR* 297-8, *C* II, 35-6.

104 §80, *H* 414, 420, *MR* 467, 472, *C* II, 225, 232.

como a espacialidade quotidiana, ele se define para nós pelo nascer e pôr do Sol:

> Em seu estar-lançado (*Geworfenheit*), [o Dasein] é entregue às mudanças de dia e noite ... O "então" do qual se ocupa é datado como de algo que está conectado ... com tornar-se claro – o nascer do Sol ... Faz-se uso, nas ocupações, do "estar-à-mão" do Sol emissor de luz e calor ... Dessa datação provém a "mais natural" das medidas de tempo: o dia.[105]

Guiados pelo senso comum, contudo, alcançamos uma compreensão errônea do tempo mundano. Separamo-lo da teia de seus envolvimentos com o mundo e o ligamos a um "agora" concebido como um instante fugidio momentaneamente presente a nós. Esquecemos a temporalidade da antecipação e da memória e reduzimos o caráter do futuro a um "não ainda agora – mas depois", e o do passado a um "não mais agora – mas antes".[106] Imaginamo-nos debruçados à guarda de uma ponte, olhando para um rio imponente. Envolto em névoa, ele desliza em nossa direção a partir de suas nascentes inescrutáveis no tempo futuro; temos dele uma rápida visão no instante em que passa sob nós no tempo presente, e logo já corre atrás de nós rumo aos insondáveis oceanos do tempo passado.

Partindo dessa imagem do tempo "como uma sucessão, como o 'fluxo de uma corrente' de agoras, como o 'curso do tempo'", prosseguimos tratando-o como se ele fosse para nós uma simples-existência dentro-do-mundo – em suma, o que Heidegger chama de o *tempo-do-agora* (*Jetzt-Zeit*) – o tempo objetivo, infinito e homogêneo das ciências naturais.[107] Projetamos de volta, então, essa concepção de tem-

---

105 §80, *H* 412-3, *MR* 465-6, *C* II, 223; cf. §22, *H* 103-4, *MR* 137, *C* I, 151.

106 §65, *H* 326-7, *MR* 374-5, *C* II, 120-1; v. tb. §61, *H* 304, *MR* 352, *C* II, 96.

107 §81, *H* 421-2, *MR* 474, *C* II, 234.

po em nós mesmos e começamos a pensar em nossas vidas como compostas de "agoras pontuais" autossuficientes (de forma muito semelhante ao caso do "Eu-pontual" da concepção ordinária de subjetividade). Acabamos concebendo o tempo de uma vida como uma série de "experiências", tão separadas umas das outras como os quadros de um filme cinematográfico, cada um deles "presente" a nós apenas por um rápido instante:

> Nessa sequência de vivências, só é "propriamente real", em cada caso, a experiência presente "em seu respectivo agora", ao passo que as experiências passadas ou que estão apenas por vir não são mais, ou não são ainda, "reais". O Dasein atravessa o intervalo de tempo que lhe é concedido entre os dois limites, de tal modo que, sendo "real" apenas em cada agora, percorre aos saltos, por assim dizer, a sequência de "agoras" de seu "tempo". Por isso se diz que o Dasein é "temporal". A despeito dessa constante variação de experiências, o eu preserva ao longo de tudo isso uma certa identidade.[108]

Podemos, é claro, obter um certo conforto dessa concepção de temporalidade: se nossas vidas são fileiras de experiências separadas, então podemos imaginar essas fileiras prolongando-se para sempre. Mas devemos também ter consciência, ainda que obscuramente, de que isso é inautêntico: sabemos, ontologicamente, que viver nossas vidas como tempo-do-agora é "fugir" perante a finitude, ou "desviar os olhos" dela. Ao viver no "agora", transformamo-nos no próprio-impessoal:

> A temporalidade inautêntica do Dasein quotidiano decaído deve, ao desviar os olhos da finitude, falhar em reconhecer a autêntica ... temporalidade em geral. E se, de fato, é o "impessoal" que governa a maneira ordinária de entender o Dasein, então essa "representação" autoesquecedora da infinitude do tempo

108 §72, *H* 373, *MR* 425, *C* II, 178.

> público só pode ser fortalecida. O "impessoal" nunca morre porque não *pode* morrer ... Até o último momento "ele sempre ainda tem tempo".[109]

Mas todos temos uma consciência ontológica, e jamais podemos nos iludir inteiramente. Mesmo no ofuscante meio-dia ensolarado da quotidianidade, nosso ser-para-a-morte lança uma sombra.

O senso comum fez-nos pensar o tempo como um rio infinito, e muitas vezes vamos implorar-lhe ansiosos que vá mais devagar, ou repreendê-lo indignados pela crueldade com que arrebata nossos breves momentos de felicidade lançando-os rapidamente no olvido. Se fôssemos mais consistentes, no entanto, sentiríamo-nos igualmente inclinados a louvar a rapidez com que o rio do tempo está trazendo para nós nossas futuras alegrias, e a agradecer a providência que constantemente o reabastece e garante que nunca fique seco:

> Por que dizemos que o tempo *passa*, e não dizemos com a *mesma* ênfase que ele surge? Com relação à pura sequência de "agoras", entretanto, ambas as coisas poderiam ser ditas com o mesmo direito. Ao falar do tempo *passando*, o Dasein entende, afinal, mais sobre o tempo do que está disposto a admitir.[110]

Ao entendermos mais do que admitimos, começa a manifestar-se em nós um entendimento autêntico da finitude do tempo. Nossa consciência ontológica nos adverte de que a temporalidade de nossa existência não pode ser autenticamente entendida como tempo-do-agora. Nós não "existimos como a soma das realidades momentâneas de experiências que se sucedem umas às outras e desaparecem", mas como entidades das quais cada momento já está estruturado como uma existência entre o nascimento e a morte:

---

109 §81, *H* 424-5, *MR* 477, *C* II, 237.

110 §81, *H* 425, *MR* 478, *C* II, 238.

> O Dasein não preenche, mediante as fases de suas realidades momentâneas, um trajeto ou trecho "da vida" já de certo modo existente; mas, antes, estende a *si mesmo* de tal maneira que seu próprio ser de antemão se constitui como um *estender-se*. O "entre", em referência ao nascimento e à morte, já existe *no ser* do Dasein ... Não é de modo algum o caso que o Dasein "*seja*" real em um ponto do tempo e que, fora disso, esteja "cercado" pela irrealidade de seu nascimento e morte. Entendido existencialmente, o nascimento não é absolutamente algo passado no sentido do que não mais existe; e tampouco a morte possui o tipo de ser de algo pendente que ainda não existe mas está por vir. O Dasein efetivo existe como nascido; e como nascido já está morrendo, no sentido de ser-para-a-morte. Ambos os "extremos" e o seu "entre" *existem* enquanto existir efetivamente o Dasein, e *existem* da única maneira possível com base no ser do Dasein enquanto *cuidado* ... Como cuidado, o Dasein *é* o "entre".[111]

A temporalidade autêntica pertence a nós tanto quanto a ela pertencemos; ela não é tanto uma força da natureza, mas antes o modo pelo qual nossa existência "temporaliza" a si mesma e a seu mundo. Não é uma sequência infinita de agoras pontuais uniformes e autoencerrados, mas uma estrutura finita de "momentos" diferenciados.

Os momentos de temporalidade autêntica são "extáticos", no sentido de que "estão fora de si mesmos". Eles se ligam uns aos outros por incontáveis caminhos de memória e antecipação – não são posições fixas em uma ponte sobre o tempo, mas campos indefinidos que se estendem tanto ao passado como ao porvir.[112] Momentos dizem respeito ao futuro, mas não no sentido de se orientarem em direção a uma infinidade de tempos que estão por vir. Cada momento está magnetizado pela finitude, antecipando a morte como a agulha de uma bússola apontando para o polo norte:

---

111 §72, *H* 374, *MR* 426-7, *C* II, 178-9.

112 §65, *H* 328-9, *MR* 377, *C* II, 123.

> "Por-vir" (*Zu-kunft*) não significa aqui um agora que *ainda não* se tornou real ... mas o vir (*Kunft*) do Dasein a si mesmo, em sua possibilidade mais própria de ser ... Só na medida em que está por-vir é que o Dasein pode propriamente ser passado (*gewesen sein*). De certa maneira, o caráter de "ter sido" (*Gewesenheit*) origina-se do futuro ... e de tal maneira, na verdade, que o futuro passado (ou melhor, passando) liberta de si o presente. A esse fenômeno, que tem a unidade de um futuro que presentifica ao passar-se, chamamos *temporalidade*.[113]

O senso comum e a ciência natural tentam persuadir-nos de que essa temporalidade finita qualitativa é meramente uma interpretação arbitrária e antropocêntrica do fluxo objetivo do tempo infinito, muito semelhante à grade de distinções de cores que impomos ao contínuo dos diferentes comprimentos de onda da luz. Mas sabemos, em nossa consciência ontológica, que a analogia é falsa. A luz é um fenômeno natural intramundano, que podemos entender ou não. Mas o tempo é diferente: como no caso da verdade, precisamos ter alguma apreensão dele se quisermos entender qualquer outra coisa. E se já não entendêssemos o tempo autenticamente, como momentos extáticos de nossa existência finita, então jamais seríamos capazes de conceber "o 'tempo' que é acessível ao entendimento ordinário" – o tempo mundano do senso comum quotidiano e o tempo-do-agora da ciência natural.[114] O tempo mundano e o tempo-do-agora surgem quando "o caráter extático da temporalidade primordial foi nivelado", e os momentos de nossa existência foram "cortados" de suas relações com o nascimento e a morte de modo que possam "alinhar-se um após o outro" e assim "perfazer a sucessão".[115] O conhecimento ordinário, em suma, depende de uma concepção errônea da temporalidade

---

113 §65, *H* 325-6, *MR* 373-4, *C* II, 119-20.

114 §65, *H* 329, *MR* 377, *C* II, 123.

115 §81, *H* 422, *MR* 474, *C* II, 234-5.

autêntica, e não temos nenhuma compreensão do mundo que não seja acompanhada de incompreensão.

Ciência e história

Se Heidegger estiver correto, nossas tentativas de radicalizar nossas interpretações pré-ontológicas terão levado a um resultado bastante claro: que (embora ele nunca o expresse de forma tão despojada) nossa existência como Dasein consiste na temporalização extática de nossa temporalidade finita. De posse dessa conclusão, podemos agora revisitar os fenômenos explorados na Divisão Um e, em vez de tatear nosso caminho partindo do mundo quotidiano em direção a uma subjetividade autêntica que permanece para nós um nebuloso mistério, podemos partir de um conceito ontológico de temporalidade autêntica e fazer o caminho de retorno para os fenômenos quotidianos que tanto expressam como ocultam esse conceito. Os movimentos irreconciliáveis da projeção lançada, por exemplo, ou as ambições totalizadoras do discurso e do cuidado serão agora definidos como várias formas gerais de temporalização, alinhando-se o entendimento especificamente com o futuro, o humor com o passado e a queda com o presente.[116] Podemos finalmente começar a entender por que a autêntica temporalidade teve de ser "nivelada" no tempo mundano e no tempo-do-agora para que o mundo e os itens à-mão e os simplesmente-existentes se tornassem acessíveis a nós na quotidianidade e na ciência.[117]

Pareceria, à primeira vista, que esclarecimento científico e autenticidade existencial são alcançados à custa um do outro: ao conquistar o mundo da ciência, perdemos aparentemente nossos eus para o mundo. O mundo da natureza objetiva

116 §68, especialmente *H* 346, 350, *MR* 396-7, 401, *C* II, 144-5, 149.

117 §81, *H* 422-3, *MR* 474-5, *C* II, 234-5.

pode ter sido trazido para o âmbito de nossos entendimentos, mas nossos entendimentos foram abandonados ao mundo e vagueiam por ele a esmo em tal estado de estupefação que quase não os reconhecemos como nossos.

Mas talvez o dilema não seja real. Talvez possamos, como Heidegger sugere, desenvolver uma "concepção existencial de ciência" que nos permitirá reconhecer as ciências como obras do Dasein sem abalar sua pretensão à objetividade. Ele começa pela ciência natural, considerada "a descoberta teórica do simplesmente-existente". Ela não pode, aponta Heidegger, ser definida como teoria em oposição à prática, dado que toda investigação teórica envolve uma "práxis própria", que vai desde a construção de aparelhos experimentais em física até a preparação de amostras em biologia e técnicas de escrita e de notação em disciplinas mais formais.[118] Mas o que torna científica uma prática teórica?

O paradigma heideggeriano de uma prática teórica científica foi o tipo de física matemática associada a Newton: para ele, esse permanecia um exemplo sem igual de ciência bem-sucedida, mesmo tendo sido levado a uma crise por Einstein.[119] Havia, tradicionalmente, duas explicações contraditórias para seu sucesso, uma delas realçando a atenção que Newton dedicou ao confuso emaranhado de fatos empíricos da experiência, a outra enfatizando sua determinação em aplicar a eles o raciocínio matemático puro. Heidegger aconselha-nos a suspeitar de ambas as interpretações:

> O decisivo para seu desenvolvimento não foi nem a alta estima pela observação de "fatos" nem a "aplicação" da matemática à determinação do caráter de processos naturais – foi antes a *projeção matemática da própria natureza* ... observando seus itens constitutivos quantitativamente determináveis (movimento, força, localização e tempo). Só "à luz" de uma natureza assim

118 §69, *H* 356-8, *MR* 408-9, *C* II, 156-8.

119 §3, *H* 9-10, *MR* 29-30, *C* I, 36.

projetada é que algo como um "fato" pode ser encontrado e disponibilizado para um experimento que se regula e delimita relativamente a essa projeção. A "fundamentação" da "ciência factual" só foi possível porque os pesquisadores entenderam que em princípio não existem "fatos brutos".[120]

As verdades descobertas pela ciência de Newton dependem, em outras palavras, não apenas dos hábitos regulares da natureza, mas também das conjeturas daqueles investigadores do século XVII que escolheram "projetá-la" de uma forma que pôs em foco temas como movimento, força, tempo e localização, tornando-os disponíveis para o conhecimento objetivo. A "tematização" levada a cabo pelos pesquisadores científicos é menos o efeito da objetividade que sua precondição:

> [A tematização] visa liberar as entidades encontradas no interior do mundo de tal modo que possam "lançar-se ao encontro" de uma pura descoberta, isto é, que possam tornar-se "objetos". A tematização objetifica.[121]

Diferentes tematizações (newtoniana e einsteiniana, por exemplo) fornecem diferentes aspectos da natureza ao conhecimento científico, e a escolha de tematização depende dos cientistas, mais do que da própria natureza. O progresso científico não segue um caminho predeterminado pela própria natureza: como todas as nossas atividades, a ciência sempre tem um futuro aberto.

Mas e se formos nós mesmos os objetos da investigação, como entidades cuja existência consiste em nossa temporalização da temporalidade e, portanto, em nossas interpretações, corretas e incorretas, de nós mesmos e de nosso mundo? A chave, de acordo com Heidegger, está na

---

120 §69, *H* 362, *MR* 414, *C* II, 163.

121 §69, *H* 363, *MR* 414, *C* II, 164.

"asserção ontológica existencial fundamental" de que "o Dasein é histórico". Se somos essencialmente temporalização, então também somos essencialmente "historicidade". Só compreendendo nossa historicidade existencialmente, e apropriando-nos dela, é que podemos ter alguma esperança de construir uma "ciência" da história.[122]

Essa sugestão soa inicialmente semelhante à tradicional doutrina do "historicismo", de acordo com a qual assuntos humanos são "essencialmente históricos" e, portanto, não representáveis com a peculiar combinação de universalidade e precisão que caracteriza as ciências naturais. O historicismo pode ser dividido em duas formas diametralmente opostas. A primeira está associada ao historiador Leopold von Ranke, e declara que eventos humanos só podem ser entendidos de seu lugar e época específicos; a outra, associada ao filósofo G. W. F. Hegel, insiste em que eles não podem ser apreendidos em sua plena significação a menos que sejam postos no contexto do fluxo progressivo abrangente da história, conforme esta se move em direção a seu objetivo final. Mas esses dois tipos de historicismo têm muito em comum, e ambos se adaptam muito bem ao senso comum. Pois todos nós somos, no dia a dia, historiadores em nosso próprio caso, tão certo como somos nossos próprios ontologistas. Dificilmente existiríamos se não tivéssemos algum sentido de história e de nosso lugar nela – da excentricidade do "passado", dos traços historicamente distintivos do "presente" e dos perigos e oportunidades da "época que está por vir".

Mas, ainda que o historicismo em suas várias formas dê as mãos à análise existencial ao alardear o tema da historicidade, as interpretações que fazem dela são fundamentalmente opostas. Do ponto de vista existencial, o historicismo atribui à história uma falsa objetividade: não apenas se esquece de que a existência do historiador é, ela própria, histórica, mas

122 §66, *H* 332, *MR* 381, *C* II, 127-8.

também insiste em fatiar o registro histórico em "eras" separadas, encerrando assim as existências passadas em células temporais fechadas como se a importância dessas existências fosse de interesse apenas para sua época. Assim como o cientificismo reduz a temporalidade aos instantes autoencerrados do "tempo-do-agora", o historicismo reduz a historicidade às épocas estanques da "história-do-mundo".[123]

O historicismo adapta a história aos gostos de nosso próprio-impessoal, que não apenas está ansioso para manter-se atualizado e em conformidade com as normas de sua época, mas também suscetível aos charmes de tudo o que é inusitado e fora de moda. No historicismo, o próprio-impessoal encontra um mecanismo para escapar à historicidade autêntica:

> Ele não pode repetir o que passou, mas apenas guarda e recebe o "real" que restou da história passada do mundo, as sobras e a informação existente sobre elas. Perdido na presentificação do hoje, ele entende o "passado" sob o aspecto do "presente" ... A existência inautenticamente histórica ... carregada com a herança de um passado que se tornou para ela irreconhecível, busca o moderno.[124]

Se Descartes ofereceu a expressão filosófica suprema da espacialidade inautêntica, então Hegel realizou o mesmo serviço para a temporalidade inautêntica. Ele interpretou a história como obra "do negativo", que nos exigiu passar arduamente de erro a erro, negando cada um deles em nosso caminho até chegarmos finalmente à grande verdade que sempre esteve esperando por nós ao final. O progresso hegeliano, como Heidegger comenta, ocorre como "conhecido e conhece a si mesmo em seu objetivo".[125] Para Hegel, a história terminaria na completude do tempo, quando finalmente

123 §78, *H* 405, *MR* 457, *C* II, 214-5; §75, *H* 388-9, *MR* 440-1, *C* II, 194-5.

124 §75, *H* 391, *MR* 443-4, *C* II, 198.

125 §82, *H* 434, *MR* 484-5, *C* II, 247.

alcançássemos um completo autoentendimento mediante "o formidável poder do negativo".[126]

Mas nossa consciência deve inquietar-se nesse ponto, pois sabemos muito bem que a história não é um forte vento que nos sopra para onde quer, assim como a temporalidade não é um rio fluindo inexoravelmente para a frente. Tempo e história não são forças que atuam sobre nossa existência a partir do exterior, mas a verdadeira substância dessa existência: existimos no mundo pela temporalização de nossa temporalidade extática, e pela "historicização" de nossa historicidade extática. A historicização sempre ocorre em meio a uma luta para sempre irreconciliável entre "destino" (*Geschick*) e "fado" (*Schicksal*) – entre as circunstâncias não escolhidas nas quais nossa "comunidade" e nossa "geração" se encontram "lançadas" e a determinação "essencialmente voltada para o futuro" com a qual projetamos nossa herança e, pelo momento, apropriamo-nos dela.[127]

O historicismo tenta extinguir o conflito essencial entre destino e fado reduzindo a história a uma simples crônica de um passado inerte – um desdobramento sequencial de realidades não ambíguas que estão agora concluídas e esgotadas. A história autêntica, em contraste, é um constante confronto para manter existências passadas abertas para o futuro.[128] O motor da história, para Heidegger, não é o "formidável poder do negativo", mas a "calma força do possível".[129]

Resta-nos esperar que essa calma força seja forte o bastante para sustentar-nos ao longo das tarefas que Heidegger planejou para o restante de *Ser e tempo*. Precisamos estar preparados não apenas para a terceira divisão da Parte Um

---

126 "die ungeheure Macht des Negativen". G. W. F. Hegel, Prefácio a *Phenomenology of Spirit*. Trad. A. V. Miller. Oxford: University Press, 1977. p.19.

127 §74, *H* 384-5, *MR* 436-7, *C* II, 190-1.

128 §76, *H* 397, *MR* 449, *C* II, 204; *H* 393, *MR* 445, *C* II, 199-200.

129 "die stille Kraft des Möglichen", §76, *H* 394, *MR* 446, *C* II, 201.

(que irá "buscar um *modo* de lançar luz sobre a questão fundamental da ontologia"), mas também para toda a Parte Dois (dedicada a "destruir [ou "desconstruir"] a história da filosofia" em três passos históricos regressivos).[130] Mas talvez já possamos discernir o caminho que Heidegger quer nos ver seguir: um caminho que nos mantém distantes tanto do absolutismo como do relativismo, e nos traz repetidamente de volta, surpresos, à nossa própria existência como bons ou maus intérpretes do mundo, como perguntadores pela questão do significado de ser, e como ontologistas que podem por fim ver por que a história é a melhor amiga da verdade.

130 §83, *H* 437, *MR* 487, *C* II, 251; §75, *H* 392, *MR* 444, *C* II, 198.

CONCLUSÃO

Mas isso é tudo. Falta à Parte Um sua terceira divisão, e tampouco existem as três seções da Parte Dois. Heidegger nunca completou seu tratado sobre a impossibilidade da completação.

Em um sentido, o propósito do trabalho foi plenamente alcançado, pois em 1928 Heidegger garantiu para si a cátedra em Freiburg, que iria satisfazer suas ambições acadêmicas pelo resto de sua vida. Nesse ínterim, *Ser e tempo: primeira metade* tornara-se um imenso sucesso de público, um clássico, na verdade, e Heidegger logo abandonou o sonho de publicar uma versão completa. Continuou a escrever por mais 50 anos – até sua morte em 1976, com a idade de 86 anos –, mas suas formas favoritas, brilhantemente empregadas, seriam agora o ensaio e a conferência, em vez do tratado sistemático. Houve diversas tentativas de "reconstruir" as seções faltantes a partir desse material posterior, mas as frequentes observações de Heidegger sobre seu enigmático "afastamento" da problemática de *Ser e tempo* lançam grandes dúvidas sobre todas essas reconstruções. A promessa, implícita no título da obra, de uma segunda "metade" foi retirada em 1953.

A maneira mais fácil de completar retrospectivamente *Ser e tempo* é conectando sua ideia do caráter histórico da verdade com o fato de que de 1933 a 1945 Heidegger foi um membro do partido nazista em Baden, e que teve a seguir suas atividades de ensino suspensas por um período de "desnazificação" que durou seis anos. Em 1948 ele contou a Herbert Marcuse que havia originalmente esperado que o nazismo trouxesse "uma renovação espiritual da vida em sua totalidade, uma reconciliação de antagonismos sociais e a salvação da existência ocidental dos perigos do comunismo", mas que as coisas não tinham funcionado como ele esperava. Ele também citou Jaspers: "nossa culpa é que permanecemos vivos".

Outra alternativa é ver *Ser e tempo* como que aguardando ser completado pelo trabalho de outros, incluindo muitos que ficariam afrontados por qualquer associação com o "heideggerianismo". Por exemplo, há as invocações de Lévinas do "outro inassimilável", as críticas de Simone de Beauvoir à "inautenticidade feminina", as censuras de Sartre à psicologia e ética tradicionais, e as revoltas de Althusser e Foucault contra o "historicismo" e o "humanismo", para não mencionar Derrida e seu programa inconfundivelmente heideggeriano de "des"construção. Ou há as tentativas de teólogos como Bonhoeffer, Buber, Bultmann e Tillich, para "desmitologizar" a crença religiosa, a revolta de Lacan contra a "psicologia do ego", ou as psicologias "humanistas" de Binswanger, Rogers e R. D. Laing. Há, a seguir, a vasta tradição do marxismo "ocidental" ou "cultural", levada adiante por Lukács, Marcuse e Adorno, as diversas variantes da sociologia "interpretativa", de Schütz a Bourdieu, e a "história a partir de baixo" iniciada por E. P. Thompson e Emmanuel Le Roy Ladurie. Ou ainda, a "filosofia da mente" anglo-americana, enraizada no anticartesianismo de Gilbert Ryle, e a teoria antipositivista da ciência inaugurada por Alexandre Koyré e Thomas Kuhn. As maiores aventuras do pensamento do século XX, em outras palavras, podem ser pouco mais que uma série incompleta de notas de rodapé a *Ser e tempo* de Heidegger.

SOBRE O LIVRO

Coleção: Grandes Filósofos
Formato: 11 x 18 cm
Mancha: 20 x 38,2 paicas
Tipologia: IowanOldSt Bt 9/12
Papel: Pólen 80 g/m² (miolo)
Cartão Supremo 250 g/m² (capa)
1ª edição: 2000

EQUIPE DE REALIZAÇÃO

Produção Gráfica
Edson Francisco dos Santos (Assistente)

Edição de Texto
Fábio Gonçalves (Assistente Editorial)
João Eduardo Pedroso de Oliveira (Preparação de Original)
Tereza Maria Lourenço (Revisão)

Editoração Eletrônica
Lourdes Guacira da Silva (Supervisão)
Luís Carlos Gomes (Diagramação)